- 일러두기

  이 책에는 어린이들이 읽고 이해하기 편하도록 《삼국지》의 문장을 다듬어 실었습니다.

- 참고 도서

  《처음 읽는 삼국지》(전 5권), 홍종의 엮음, 하늘을나는교실
  《이문열의 삼국지》(전 10권), 이문열 엮음, 알에이치코리아
  《삼국지》(전 10권), 요시카와 에이지 엮음, 문예춘추사

열 살,
삼국지를 만나다

지은이 **홍종의** | 그린이 **이진아**

작가의 말

지혜와 용기의 교과서 《삼국지》

옛날부터 지금까지 사람들이 가장 많이 읽은 책은 어떤 것일까요? 바로 《삼국지》랍니다. 어른들은 《삼국지》를 통해 세상의 일을 이해하고 지혜롭게 살아가는 방법을 배운다고 해요.

그런 면에서 언젠가 어른이 될 우리 친구들도 《삼국지》가 어떤 책인지 만나 봐도 좋을 것 같네요. 《삼국지연의》, 즉 《삼국지》는 《수호지》, 《서유기》, 《금병매》와 더불어 중국의 4대 '기서'로 불려요. 기서란 기이하지만 그만큼 좋은 내용을 담은 책이라는 뜻이지요. 그중에서도 《삼국지》는 오늘날까지 널리 읽히고 있어요.

《삼국지》의 배경은 1800년 전, 중국의 '후한 시대'예요. 후한은 한나라(전한)의 후손인 광무제가 나라를 되찾은 때부터 다시 망할 때까지의 시기랍니다. 후한 말기에는 황제가 어리고 자주 바뀌는 바람에 신하들이 어린 황제를 속여 나쁜 짓을 일삼았고 그 틈을 타 황건적이라는 도적이 활개를 치며 백성을 괴롭히기도 했지요.

《삼국지》는 어지러운 세상을 바로잡기 위한 사람들의 이야기예요. 유비, 관우, 장비가 굳게 뭉쳤고 각 나라마다 뜻을 같이하는 사람들이 무리를 이뤘어요. 결국 드넓은 중국 대륙은 위나라, 촉나라, 오나라로 나뉘게 되었지요. 《삼국지》에서는 각 나라의 영웅들이 각자의 세상을 꿈꿔요. 그러다 보니 다툼과 화해를 통해 어지러운 세상과 정면으로 맞서기도 해요. 그래서 더 흥미진진하지요.

《삼국지》는 수없이 많은 이야기로 꾸며져 있어요. 등장하는 인물들도 대략 1천여 명이나 되고, 책의 분량도 어마어마하지요. 요즘에는 만화나 영화 또는 게임으로 《삼국지》를 만날 수도 있지만 아주 일부분만 다루는 경우가 많답니다.

여러분은 앞으로 많은 변화 속에서 살아가야 해요. 생활뿐 아니라 환경의 변화 그리고 사람의 변화와 마음의 변화도 있지요. 그럴 때마다 거기에 맞는 지혜와 용기가 꼭 필요하답니다. 그래야 모든 변화를 슬기롭게 받아들이며 세상의 주인공으로 살아갈 수 있으니까요. 이 책의 주인공 유비도 갑작스럽게 변한 환경에서 지혜와 용기를 발휘해요. 《삼국지》를 만났기 때문이지요. 《삼국지》는 지혜와 용기의 교과서랍니다.

책을 읽으며 주인공 유비의 생각을 따라가 보세요. 이 책은 복잡하고 어려운 《삼국지》가 아니에요. 바로 지금 여러분의 모습을 담은 이야기이지요. 책을 읽기 전, 침을 꼴깍꼴깍 삼키며 기대해도 좋아요.

홍종의

차례

작가의 말 4

1장 복숭아나무 아래서의 약속
혼란스러운 마음 10
노랑머리가 나타났다 18
느티나무 아래서의 약속 26

2장 영웅들이 나타났다
삼국지를 세 번 읽으면 천하무적 38
삼국지와 메타버스가 무슨 상관? 47
검은 용들이 우글우글 57

3장 세 번 찾아가 부탁하다
선생님, 우리 선생님 70
강력한 무기 79
열두 척의 배가 있어요 88

4장 큰 싸움이 시작되다
싸움의 시작 100
좋은 새는 나무를 가려 앉는다 110
우리 엄마 대 상기 엄마 119

5장 마침내 하나가 되다
검은 용의 눈물 130
슈퍼 햄버거로 통일 138
삼국지 북카페 147

1장
복숭아나무 아래서의 약속

혼란스러운 마음

아빠는 작가다. 더 자세히 말하면 무협 소설가다. 인터넷 사이트에 무협 소설을 써서 올리는데, 제법 인기 있는 작가라고 했다.

아빠는 요즘 바쁘다. 시골집을 고쳐 북카페를 만드는 중이다. 할아버지가 물려준 시골집은 아주 큰 옛날 집인데, 북카페를 만드는 곳은 마당이 딸린 아랫집이다. 매주 금요일 집으로 오는 엄마에게 겨우 허락을 받았다고 한다. 엄마는 도시에서 은행에 다닌다.

"유비야, 너희 학교에 다음 주부터 아파트로 이사 온 전학생들이 많아질 거래."

아빠가 말했다. 나는 가슴이 답답한데 아빠의 목소리는 어쩐지 들떠 있었다.

"아빠, 북카페 이름 정했어요?"

나는 장빈이네 정육점처럼 카페 이름에 '원주민'이라는 단어가 들어갈까 봐 걱정이 되어 물었다.

"삼국지 북카페!"

아빠가 기다렸다는 듯 명쾌하게 대답했다.

삼국지 북카페? 고리타분하면서 뭔가 시골집과 딱 어울리는 이름이다. 어쩐지 여기저기에서 칼과 창을 든 군사들이 막 튀어나와 싸움을 할 것도 같았다. 지붕 위를 휙휙 날아다니면서 말이다. 그래도 '원주민 북카페'라고 안 지어 그나마 다행이었다.

"아빠가 왜 네 이름을 유비라고 지었는지 알아?"

"……."

"아빠는 이 세상 책 중에서 삼국지를 가장 좋아하거든."

삼국지와 내 이름이 무슨 상관일까? 나는 원래 치고받고 싸우고 죽이는 것은 딱 질색이다. 고요한 것을 좋아하는 평화주의자다. 그래서 아빠가 쓴다는 무협 소설에도 관심이 없다.

"아빠가 삼국지에서 가장 좋아하는 인물이 바로 유비야. 그래서 엄마가 너를 가졌을 때 바로 유비라는 이름을 지어 놓았지."

이건 명백히 아빠의 횡포다. 이제껏 유비라는 내 이름에 불만은 없

었다. 이유비, 이렇게 성까지 붙이면 내 이름은 받침 하나 없이 나름 세련되고 깔끔한 이름이라고 여겼다.

"네가 아들이었다면 이름이 훨씬 더 어울렸을 텐데……. 더군다나 너는 흑룡의 해에 태어났으니 말이야."

한동안 잠잠했는데 아빠는 또 아들 타령과 흑룡 이야기를 꺼냈다.

"아빠, 정말……."

나는 얼굴을 잔뜩 찡그리며 짜증을 냈다. 가뜩이나 학교가 어수선해서 머리가 복잡했다.

"아, 미안해. 정말 미안해."

아빠가 얼른 사과했다.

"딸이면 어때. 우리 유비가 최고지. 공부도 잘하고, 친구들도 많고, 아빠, 엄마에게도 잘하고 말이야. 삼국지 속의 유비와 꼭 닮았어."

아빠의 칭찬이 쏟아졌다. 평소 이런 칭찬은 너무 많이 들어 별로 감동이 없었다. 그러나 삼국지 유비와 꼭 닮았다는 말에 오늘따라 이상하게 귀가 솔깃했다.

"아빠, 삼국지 유비가 그렇게 멋있어? 나처럼 예뻐? 똑똑해?"

나는 아빠에게 다시 확인하고 싶었다.

"삼국지 유비가 똑똑한 것은 맞는데 예쁜 것은 글쎄……. 남자라서 멋있다고 표현하는 게 낫겠지?"

헉! 나는 삼국지의 유비가 남자인지 여자인지 한 번도 생각해 본 적이 없다. 그냥 삼국지에 나오는 사람인 줄 알고 있었다. 유비가 남자라는 것을 오늘 아빠를 통해 새로 알았다.

"아빠가 삼국지에 조금 불만인 것은 여자 영웅이 없다는 거야."

아빠가 아쉬워했다. 그렇다면 아빠는 내 이름 유비를 아들 이름으로 지어 놓은 것이었다. 그런데도 그냥 성의 없이 나의 이름으로 써 버린 것이다. 은근히 자존심이 상했다.

"남자만 삼국지의 유비가 되라는 법이 있어?"

나는 따지듯이 물었다.

"아빠 말이 그 말이야."

어쩐 일인지 아빠가 순순히 내 편이 되어 주었다. 그리고 틈만 나면 삼국지 얘기를 꺼내는 아빠의 버릇, 엄마는 질색하는 그 버릇이 시작됐다.

"삼국지의 배경은 후한 시대야. 약 1,800년 전 중국이지. 황제가 열두 살의 어린 나이이다 보니 신하들이 부정과 부패를 일삼았어. 당연히 정치와 경제가 몹시 어지러웠지. 그 틈에 머리에 노란 두건을 쓴 황건석이라는 도적들까지 활개를 치기 시작했고."

아빠가 기다렸다는 듯 신이 나서 말했다.

"황하의 강물은 어째서 이렇게 누런 것일까?"

유비는 혼잣말처럼 중얼거렸다. 강물에는 무수히 많은 모래 알갱이가 섞여 있었다.

"이 흙까지 그렇구나."

유비는 손으로 흙을 한 움큼 퍼 올려 들여다보았다. 흙도 역시 누런 빛이었다.

"휘휴!"

유비는 주먹으로 가슴을 때려 숨을 토해 냈다. 어지러운 나라를 생각할 때마다 누런 강물과 누런 흙처럼 가슴이 꽉꽉 막히고 눈앞이 캄캄해졌다.

영제가 열두 살 어린 나이로 황제가 되자 신하들이 황제를 속이고 부패를 일삼았다. 당연히 피해를 보는 것은 백성들이었다.

거기에 도적 무리인 황건적이 날뛰고 있어 세상이 시끄러웠다. 이대로 가다가는 나라가 망할 것이 분명했다.

아빠는 어느 틈에 책꽂이에서 삼국지를 꺼내들고 읽었다. 다른 때

같으면 피했을 텐데 어쩐지 지금의 내 상황과 비슷한 것 같아 귀를 기울이게 되었다.

"아빠, 요즘 나 조금 힘들거든."

나는 아빠에게 솔직히 말했다. 여름 방학이 끝나면 우리 학교는 문을 닫는다. 대신 이웃 마을 아파트 단지에 새로 생긴 학교에 다녀야 한다. 그 이후의 일은 생각만으로도 복잡하고 어지러웠다.

"유비야, 요즈음 네가 힘들어한다는 거 잘 알고 있어. 아빠도 사실 무척 힘들거든."

의외였다. 아빠는 북카페를 만드느라 마냥 행복한 줄 알았다.

이웃 마을에 아파트가 들어서는 것은 분명히 큰 변화였다. 마을 어른들도 마음을 잡지 못하고 모이기만 하면 이웃 마을 이야기를 했다. 아파트 단지 속으로 사라진 이웃 마을을 부러워하는 듯했다.

"유비야, 지금이 바로 삼국지를 읽어야 할 때야. 삼국지에 담긴 지혜와 용기로 이 어려움을 한번 이겨 내 볼까?"

아빠는 끝까지 삼국지를 물고 늘어졌다. 삼국지가 유일한 희망이라는 듯 말이다.

"아빠, 우리도 이웃 마을 아파트로 이사 가면 안 돼?"

나는 솔직하게 말했다. 내 생각에는 아파트 단지가 유일한 희망 같아서였다.

노랑머리가 나타났다

선생님이 한 무리의 아이들과 함께 교실로 들어왔다. 이미 전학생들이 올 것이라고 각오를 하고 있었지만 가슴이 꽉 막혔다.

"자, 우선 빈자리를 찾아 각자 앉아 보도록 해요."

선생님의 말에 아이들이 슬금슬금 자리를 찾아갔다. 우리 반, 그러니까 정우영 선생님이 담임을 맡고 있는 3학년 반은 원래 열두 명이다. 그런데 오늘 열세 명이 전학을 와서 전체 스물다섯 명이 되었다.

둥근 모둠으로 넉넉하게 놓여 있던 책상과 의자가 네 줄로 맞춰졌다. 열세 개의 책상과 의자가 더 들어와서다. 빈 자리 하나 없이 아이들이 모두 앉자 교실이 빵 하고 터져 버릴 듯했다.

"휘흄!"

그것을 보고 선생님이 한숨 비슷한 소리를 냈다. 선생님도 나처럼 가슴이 답답한 걸까?

"왜 우리 학년만 이렇게 많이……."

선생님이 혼잣소리로 중얼거렸다. 가뜩이나 하얀 선생님의 얼굴이 더 하얗게 변했다. 거기에 두 눈까지 불안하게 이리저리 흔들렸다.

"선생님, 모르셨어요? 우리는 흑룡이잖아요."

새로 온 누군가가 소리쳤다. 아이들의 눈이 모두 그쪽으로 쏠렸다. 머리를 노랗게 물들인 아이였다.

문득 아빠가 읽어 주던 삼국지 속의 황건적이 생각났다. 머리에 노란 두건을 쓴 도적 말이다.

"흑룡? 그게 뭔데? 너는 노랑머리니까 황룡 아니니?"

"킥킥킥!"

누군가 웃음을 터뜨렸다.

선생님은 무심코 말을 해 놓고 몹시 당황스러워했다. 혹시 그 아이가 마음 상하지 않았는지 신경 쓰는 모습이었다.

재빨리 둘러보니 우리 반에서 노랑머리는 그 아이 혼자였다.

"우리가 태어나던 해가 흑룡의 해였잖아요. 검은 용이요. 그래서 아빠, 엄마들이 너도나도 아기를 낳았다잖아요. 그러니까 당연히 우리 학년이 많을 수밖에요."

노랑머리가 자신만만하게 말했다. 노랑머리의 말이 맞았다. 우리가 태어난 해는 흑룡의 해였다. 아빠도 그렇게 말했다. 흑룡의 해에 나를 낳아서 잘될 거라고 말이다.

'아깝다. 만약 유비가 딸이 아니라 아들이었으면 대단한 인물이 되었을 텐데……'

언젠가는 이렇게 대놓고 아쉬워하다가 엄마한테 된통 혼이 났다. 엄마는 아빠더러 대단히 시대착오적인 발언이라고 했다. 그래도 아빠는 눈치가 없었다. 엄마가 나를 임신했을 때 용꿈을 세 번이나 꾸었다나 어쨌다나 하는 말을 계속 하다가 두 배로 잔소리를 들어야 했다.

"아, 그런 거였어? 그래서 다른 학년은 기껏해야 서너 명인데 우리만 이렇게 많은 거였구나. 선생님은 몰랐네. 네 이름이 뭐였더라?"

선생님이 출석부를 뒤적거렸다.

"선생님, 저는 벌써 찍힌 거예요?"

노랑머리가 까칠하게 따졌다. 그 말에 몇몇 아이들은 놀라서 눈을 동그랗게 떴다. 선생님도 몹시 당황한 눈치였다.

"찍히다니 무슨……. 절대 그런 일 없어요. 학교가 조금 어수선하지만, 우리 여름 방학 전까지만 고생하도록 해요. 방학이 끝나면 우리 모

두 새로 생긴 아파트 단지의 새 학교로 옮겨 갈 수 있어요."

선생님이 '여름 방학 전까지만'이라는 말과 '새 학교'라는 말에 힘을 주었다. 어쩐지 선생님 자신이 힘을 내기 위한 말처럼 들렸다.

선생님은 교무실에 빠뜨린 것이 있다며 교실을 나갔다. 나도 그렇지만 선생님도 갑자기 늘어난 아이들에게 적응이 안 되는 모양이었다.

"이유비, 우리도 여름 방학이 끝나면 새 학교로 가야 되는 거지?"

강우가 슬쩍 다가와 걱정스럽다는 듯 물었다. 마침 나도 선생님의 말 중에 '우리 모두'라는 말을 곰곰이 생각하는 중이었다.

이웃 마을에 공사가 시작된 것은 1년 전이었다. 학교가 있는 우리 마을과 낮은 산 하나를 사이에 두고 이웃 마을에 대규모 아파트 단지가 생긴다고 했다. 오늘 전학 온 아이들은 그 아파트 단지에 이사 온 아이들이었다.

"야, 여기에서 원주민이 누구누구야?"

갑자기 노랑머리가 벌떡 일어나며 소리를 질렀다. 그리고 반 아이들을 휘둘러보았다.

"우리가 열세 명이니까……."

노랑머리의 말에 전학 온 아이들이 엉덩이를 들썩거렸다.

"나머지 열두 명이 원주민들이겠지."

전학 온 아이들이 의미심장한 미소를 지었다. 우선 숫자 면에서 전학 온 아이들이 우리보다 많아 안심을 하는 듯했다.

"야, 그래도 원주민은 너무했다. 좀 무식해 보이고 없어 보이잖아. 유식하게 재학생이라고 해야지. 우리는 전학생이고."

복도 쪽 맨 끝에 앉아 있던 아이가 다 들으라는 듯이 노골적으로 비아냥거렸다. 턱이 유난히 뾰족했다. 그 아이도 역시 전학 온 아이였다. 졸지에 우리는 미개한 원시 부족이 되어 버렸다. 나는 얼굴이 뜨거워지면서 가슴이 벌렁거렸다. 화가 나서 나도 모르게 주먹을 꼭 쥐었다.

미지가 입술을 꼭 깨물고 나를 바라봤다. 나머지 아이들도 마찬가지였다. 회장인 내가 나서서 뭐라도 한마디 해 주기를 간절하게 바라고 있었다.

"이것들이 정말!"

내가 망설이는 동안 자리를 박차고 일어나 소리친 것은 김장빈이었다. 장빈이가 그러는 데는 다 이유가 있었다. 얼마 전에 장빈이 아빠의 가게 이름이 '맛나 정육점'에서 '원주민 정육점'으로 바뀌었다.

장빈이는 우리 반에서 덩치가 제일 컸다. 그래서 누구 하나 장빈이를 놀리지 못했다. 사실 놀릴 만한 구석도 없었다. 성격도 시원시원하고 힘도 세서 평소에 친구들을 잘 돕고, 반에서 힘든 일도 다 나서서 해

주었기 때문이다.

"너하고 너, 이리 나와 봐!"

장빈이가 노랑머리와 뾰족 턱을 콕콕 찍었다.

"야, 야, 오해하지 마. 나는 너희들과 친하게 지내려고 그런 거야."

장빈이가 세게 나오자 노랑머리가 얼른 꼬리를 내렸다.

"내가 말한 원주민은 좋은 뜻이야. 너희들이 우리 반의 주인이라는 뜻이지. 누구처럼 무식하다느니 없어 보인다느니 그런 뜻으로 말한 게 절대 아니었다고."

노랑머리가 뾰족 턱을 교묘하게 걸고넘어졌다. 그러면서 자신은 쑥 빠져나갔다.

"그래? 그러면 너, 거기 가만히 있어."

장빈이는 참 단순했다. 노랑머리의 말을 믿고 뾰족 턱에게 다가갔다. 그러자 겁에 질린 아이가 뒷문을 열고 재빨리 교실을 빠져나갔다.

"선생님, 선생님, 살려 주세요!"

"이상기, 무슨 일이야? 왜 그러는데?"

놀란 담임 선생님의 목소리가 복도를 흔들었다.

"저 녀석이 나를 때리려고 해요. 제발 살려 주세요!"

느티나무
아래서의 약속

1교시가 끝나기도 전에 상기 엄마가 학교로 쫓아왔다. 장빈이 때문이었다. 담임 선생님은 장빈이를 타이르며 조용히 지나가려고 했는데, 상기가 기어이 집에 있는 엄마에게 전화를 해서 일러바친 것이다.

"보세요. 쟤는 생김새 자체가 흉기예요. 저렇게 무시무시하니까 우리 상기가 뒤로 넘어가죠. 우리 상기는 심장이 약해 조금만 겁을 먹어도 큰일 나요. 이것은 분명히 학교 폭력이에요. 절대로 그냥 넘어가지 않을 거예요. 원주민 아이들이 텃세라도 부리는 건지, 원!"

상기 엄마는 장빈이를 앞에 세워 두고 선생님을 향해 이렇게 소리쳤다. 반 아이들이 다 보는 앞에서 말이다.

"상기 어머니, 학교 폭력이라니요. 절대 그런 게 아니에요. 장빈이가 그런 폭력적인 아이도 아니고요. 그리고 아이한테 무, 무슨 말씀을 그렇게 심하게······."

상기 엄마의 말에 선생님이 놀라서 말을 잇지 못했다.

"너희들도 마찬가지야! 우리 상기 괴롭히면 내가 가만있지 않을 테니 단단히 각오해."

선생님이 약한 모습을 보이자 상기 엄마는 더 기세등등해서 반 아이들을 향해 엄포를 놓았다.

"상기 어머니, 그만하세요. 아이들이 보고 있으니 상담실로 가서 저랑 얘기하시죠."

겨우 정신을 차린 선생님이

상기 엄마를 끌고 나가려 했다. 그런데도 상기 엄마는 식식거리며 한참 동안 우리들을 휘둘러보았다.

그러니 장빈이의 충격은 오죽했을까. 그날 이후, 장빈이는 입을 꾹 다물었다. 그리고 상기와는 눈도 마주치지 않으려고 했다.

"와! 무섭다. 정말 무서워."

평소 침착하고 생각이 깊은 강우가 상기를 볼 때마다 몸을 움츠리며 중얼거렸다. 마치 상기 엄마가 눈앞에 있는 듯 말이다.

'지금이 바로 삼국지를 읽어야 할 때야. 삼국지에 담긴 지혜와 용기로 이 어려움을 한번 이겨 내 볼까?'

문득 아빠의 말이 생각났다. 나는 쉬는 시간 틈틈이 아빠가 읽어 보라며 가방에 넣어 준 삼국지를 펼쳤다. 이렇게 분위기가 어수선할 때는 책이라도 읽고 있는 것이 나았다.

관우와 장비는 유비를 따라갔다. 세 사람은 복숭아나무 아래 탁자에 둘러앉았다. 심상치 않은 기운이 세 사람을 감쌌다.

"유공을 우리의 주군으로 모시고 싶습니다."

갑자기 관우가 유비에게 머리를 조아리며 말했다.

"좋소, 형님! 그건 나도 생각했던 일이오. 당장 이 자리에서 유공을 주군으로 모시기로 맹세부터 합시다."

장비가 신이 나서 맞장구를 쳤다.

"유공, 우리 둘의 소망입니다. 들어주시기 바랍니다."

관우와 장비가 입을 모아 말했다.

"아직 저는 자질이 없다고 생각합니다. 그 맹세는 우리가 황건적을 물리치고 천하를 평정한 뒤에 하기로 하고, 일단 여기서는 셋이서 의형제를 맺는 게 어떻겠습니까?"

유비가 두 손을 내저으며 말했다.

"좋습니다. 장비, 너는 어떠냐?"

관우가 장비를 바라보며 물었다.

"다른 무슨 말이 필요하겠습니까? 무조건 따르겠습니다."

장비가 크게 기뻐하며 관우와 유비의 손을 잡았다.

"그러면 유공께서 우리의 큰형님이 되어 주십시오."

관우가 유비에게 말했다. 나이로 치면 관우가 첫째, 유비가 둘째 그리고 장비 순서였다. 그런데도 관우는 덕이 많은 유비에게 큰형님 자리를 양보한 것이다.

"꼭 그렇게 해 주십시오. 저도 큰형님으로 받들 것입니다."

장비도 거들었다.

"두 분의 뜻이 그렇다면 그리합시다."

유비가 사양하다 어쩔 수 없이 허락을 했다.

"유비, 관우, 장비, 우리 세 사람은 비록 성씨는 다르지만 의형제를 맺습니다. 마음을 함께하고 힘을 모아 위로는 나라를 구하고 아래로는 뭇사람을 평안하게 할 것입니다. 한날한시에 태어나진 않았으나 한날한시에 죽기를 바라며, 서로를 배신하지 않고 의를 저버리지 않을 것을 맹세합니다."

세 사람은 복숭아나무 아래에서 형제의 잔을 나누었다. 그리고 다 함께 힘을 합쳐 나라와 백성을 구하자고 굳게 다짐했다.

도원결의 (桃園結義) 유비, 관우, 장비가 복숭아꽃이 핀 동산에서 의형제를 맺은 이야기에서 유래된 말이다. 유비, 관우, 장비처럼 의형제를 맺거나 마음 맞는 사람끼리 뜻을 모아 함께 행동하기로 약속할 때 주로 쓰인다.

"애들아, 이제 새 회장을 뽑아야 되는 거 아냐?"

소미였다. 소미도 전학생이다. 아니, 반 전학생이다. 소미는 아파트 단지가 들어선 이웃 마을에 살았다. 1학년 말까지는 우리 반이었다. 그러나 아파트를 짓는 동안 도시 학교로 전학을 갔다 다시 왔다.

"유비는 너희 열두 명이 뽑은 회장이잖아. 우리들 열세 명하고는 전혀 상관이 없다는 말이지."

소미가 다시 확실하게 편을 갈랐다.

"한소미, 너는 원래 우리 학교에 다녔었잖아."

강우가 따지고 들었다. 강우의 말에 전학 온 아이들의 눈이 휘둥그레졌다.

"소미가 그랬어? 그러면 다시 온 거지, 우리처럼 전학 온 것은 아니네, 뭐. 헤헤헷!"

상기가 소미를 향해 뾰족한 턱을 치켜들며 비웃었다. 그 바람에 안 그래도 갸름한 눈이 딱 붙어 버렸다.

"나는 이 거지 같은 학교로 돌아온 게 아니야. 우리 마을이 있던 자리에 생기는 새 학교로 전학을 온 거라니까! 그리고 우리 집도 아파트니까 원주민들하고 하나로 묶지 말아 줄래?"

소미가 노랑머리 민건이를 보며 힘주어 말했다.

"피픽!"

민건이가 그런 소미를 향해 콧방귀를 날렸다. 반만 인정한다는 뜻이다.

"이유비! 너는 어떻게 생각하는데? 회장인 네가 확실하게 말해 줘야 될 거 아냐."

소미는 마치 내가 회장 자리를 지키려고 욕심을 내고 있다는 듯이 다그쳤다. 나는 기분이 몹시 언짢았지만 꾹 참았다. 솔직히 학교를 옮기는 것만으로도 심란한데 회장까지 새로 뽑아야 할까 싶었다. 내가 아무 대응도 하지 않자 아이들의 관심도 하나둘 흩어졌다.

"이유비, 이따 쉬는 시간에 느티나무 아래로 와."

오랜만에 장빈이가 입을 열었다. 그렇잖아도 상기 엄마에게 혼이 난 뒤 잔뜩 풀이 죽어 있는 장빈이를 위로해 줄 생각이었다. 나는 가방 속에 넣고 다니는 초코바 세 개를 챙겼다. 장빈이가 아주 좋아하는 것이었다.

급식실 뒤에 있는 느티나무는 우리 학교에서 가장 오래된 나무였다. 엊그제 잎을 틔운 것 같은데 벌써 나뭇잎들이 우거져 시원한 그늘을 만들었다. 초코바를 세 개 가져오기를 잘했다는 생각이 들었다. 장빈이와 강우가 함께 있었기 때문이다.

"어? 강우도 있었네? 내가 그럴 줄 알고 이렇게 챙겨 왔지."

이렇게 셋이 모이기는 오랜만이었다. 나는 어색함을 감추려고 일부러 큰 소리로 말하며 초코바를 흔들었다.

"이유비, 사실은 우리 셋이 꼭 할 얘기가 있어. 지금 학교가 시끄럽잖아. 아마 새 학교로 가면 더 시끄러울걸! 아이들이 더 많이 전학 올 거래. 그래서 말인데, 뭔가 대책을 세워야 하지 않을까? 전학 온 아이들이 대놓고 우리를 무시하고 편을 가르려고 하잖아."

장빈이가 진지하게 말했다. 상기 엄마한테 혼나고 나서 며칠 동안 고민한 모양이었다. 강우의 얼굴도 딱딱하게 굳어 있었다.

방금 전 읽은 삼국지 장면이 떠올랐다. 자세히 보니 공부를 좋아하고 차분한 성격의 강우는 관우를 닮았고, 덩치가 크고 우락부락하게 생긴 장빈이는 장비를 닮은 듯했다.

"우리 셋이 힘을 합치면 전학생이 아무리 많아도 문제없어."

강우가 결심이라도 한 듯 손을 내밀며 말했다.

"그래, 우리 셋이 뭉치면 무서울 게 없지."

나는 얼른 강우의 손을 맞잡았다.

"그러면 우리 셋은 끝까지 함께하는 거다? 이 느티나무를 걸고 약속하자."

장빈이가 이렇게 말하며 나와 강우의 손을 꽉 잡았다. 손이 부서질 듯 어마어마한 힘이었다. 그 바람에 나는 손에 쥐고 있던 초코바를 떨어뜨리고 말았다.

"야, 이 초코바 나 혼자 다 먹어도 되지?"

장빈이가 얼른 땅에 떨어진 초코바를 주우며 말했다.

어림없는 소리였다.

"뭐래, 이 먹깨비가!"

우리는 그렇게 초코바를 한 개씩 나눠 먹으며 느티나무 아래에서 '도원결의'를 맺었다.

2장
영웅들이 나타났다

삼국지를 세 번 읽으면 천하무적

아빠가 손을 다쳤다. 카페 공사를 하다가 손등에 돌이 떨어져 수술을 했다.

"내가 다친 사람 앞에서 이런 말을 해서는 안 되겠지만……."

엄마가 의자를 끌어다 침대에 바짝 붙이며 작은 소리로 말했다. 병실에 다른 환자가 있었기 때문이다.

"내가 그렇게 카페 공사 하지 말라고 했잖아!"

엄마가 백 퍼센트 허락을 한 것은 아닌 듯했다. 그러면 그렇지, 어쩐지 이상했다.

"카페 공사 당장 그만둬. 우리도 이번 참에 지금 사는 집 정리하고 아파트로 들어가는 거야. 유비도 새 학교로 가야 하니까. 그리고 내가 다니는 은행 지점이 아파트 단지에 생긴다니까 나도 옮길 거야."

엄마가 이 정도로 나오면 게임 끝이다. 아빠는 눈을 꼭 감고 엄마의 말을 잠자코 듣고 있었다.

"유비도 이제 정신 똑바로 차려야 해. 새 학교는 지금이랑 완전히 다를 테니까. 회장 그런 거 할 생각 말고 공부에만 집중해. 알아봤는데 새 학교에는 3학년이 가장 많대. 그만큼 경쟁이 치열하다는 거지."

엄마의 화살이 이번에는 내게로 날아왔다. 가뜩이나 웅크렸던 어깨가 더 오그라드는 느낌이었다.

"이유비, 듣고 있어?"

엄마의 목소리가 쨍하고 높아졌다.

"네엥!"

나는 마지못해 모기 소리처럼 작은 소리로 대답했다. 마침 엄마의 휴대 전화가 울렸다. 엄마가 얼른 일어나 병실 밖으로 나가며 전화를 받았다.

"야, 이유비!"

바로 그때 장빈이가 병실이 쩌렁쩌렁 울릴 정도로 내 이름을 부르며 들어왔다. 강우도 함께였다.

"이유비, 어떤 일이든 우리 셋이 함께하기로 굳게 약속해 놓고 정말

이러기냐?"

강우가 들뜬 목소리로 말했다. 우리 아빠 핑계를 대고 병원이 있는 시내로 놀러 나온 게 틀림없었다.

"너희들이 어떻게 왔니?"

아빠가 다른 환자들 눈치를 보며 작은 소리로 물었다.

"우리가 병문안을 안 오면 누가 와요."

장빈이가 눈치도 없이 다시 큰 소리로 말했다. 그러면서 병실에 있던 빵 하나를 집어 덥석 베어 물었다. 영락없이 삼국지에 나오는 장비의 모습이었다. 반대로 강우는 그런 장빈이의 옆구리를 쿡쿡 찔러 댔다. 그 또한 관우의 모습이었다.

"야, 여기서 이러지 말고 우리 바깥으로 나가자."

나는 얼른 장빈이와 강우를 병실 밖으로 밀었다. 우리들 뒤로 아빠가 어슬렁어슬렁 따라 나왔다. 아빠가 우리를 병원 로비에 있는 빵집으로 데려갔다. 아니, 정확히 말하면 장빈이가 먼저 그쪽으로 가서 따라간 것이 맞다.

"유비, 강우, 장빈이. 너희 셋을 보니 어쩐지 삼국지의 유비, 관우, 장비를 보는 것 같네. 하하하!"

아빠는 역시나 삼국지로 말문을 열었다. 엄마에게 싫은 소리를 들어

잔뜩 구겨졌던 아빠의 얼굴이 활짝 펴졌다.

"그러면 삼국지의 장비도 빵 좋아해요?"

장빈이의 관심은 온통 먹는 것이다. 욕심이 많아서가 아니라 큰 덩치를 유지하기 위해서라나 뭐라나.

"그럼! 장비는 돼지도 한 마리 통째로 먹지."

아빠가 빙그레 웃으며 그런 장빈이 앞으로 빵을 밀어 주었다. 강우는 조각 케이크를 조금씩 떼어 먹었다. 어쩐지 강우의 얼굴이 어두웠다.

"강우는 아파트로 이사를 못 가서 많이 실망했다며?"

갑자기 아빠가 강우에게 물었다. 나와 장빈이는 모르는 일이었다.

"어쩔 수 없죠, 뭐."

강우가 힘없이 대답했다.

"야, 최강우! 혼자 아파트로 이사를 가면 그건 배신이지. 우리 셋이 철석같이 약속을 해 놓고 말이야."

장빈이가 빵 먹기를 멈추고 눈을 치켜뜨며 소리를 질렀다.

"셋이 약속을 해? 유비, 강우, 장빈이 너희 셋이 벌써 약속을 한 거야? 무슨 약속인데?"

아빠의 눈이 반짝거렸다. 아빠는 분명히 내가 삼국지에서 읽은 그 대목을 떠올리는 듯했다. 유비, 관우 장비가 복숭아나무 아래서 맺은 도원결의 말이다.

"전학 온 애들이 엄청 나대서 우리끼리 힘을 합쳐 물리치자고 약속했어요."

장빈이가 주먹을 불끈 쥐어 보이며 말했다.

"야, 누가 물리치자고 했냐? 그 애들이 괜히 편을 가르고 우리를 무시하니까 기선을 빼앗기지 말자는 거지."

강우가 그런 장빈이를 향해 얼굴을 찡그렸다.

"새로 전학 온 친구들하고 사이좋게 지내야지. 어차피 새 학교에 가면 그 애들이나 너희들이나 다 같은 입장이잖아."

아빠는 우리가 얼마나 위기 상황인지 몰라서 태평한 소리를 했다.

바로 그때였다. 아빠가 눈빛을 빛내며 나를 휙 돌아봤다.

"그러고 보니 이유비! 드디어 삼국지를 읽기 시작한 거야? 그래서 너희 셋이 마침내 도원결의를 한 거야?"

아빠의 목소리가 장빈이 목소리만큼 커졌다. 그런 아빠의 갑작스런 행동에 강우와 장빈이도 놀라서 눈을 동그랗게 떴다.

"뭐, 그냥요. 이것저것 마음 어지러운 일이 많아서요. 그럴 때 책이라도 읽으면 마음이 차분해지니까 좋아요."

나는 솔직하게 말했다. 어수선한 학교 분위기와 자꾸만 꼬이기 시작하는 반 아이들과의 관계가 참 힘들었다. 그때마다 나는 삼국지를 읽었다. 아주아주 옛날 이야기라서 이해하기 어려운 부분도 많고 싸우는 장면들도 많았지만 나름 괜찮았다.

"이유비, 잘했어! 삼국지를 세 번 읽은 사람과는 싸우지도 말라는 말이 있어. 그만큼 어려운 일을 지혜롭게 잘 해결한다는 뜻이지. 한마디로 무적이야. 그런 의미에서 강우와 장빈이도 같이 읽자."

아빠가 기회를 잡은 듯 얼른 강우와 장빈이를 끌어들였다.

"아우, 저는요, 두꺼운 책은 딱 싫어요."

장빈이가 머리를 절레절레 흔들었다. 그러면서 빵 중에서 가장 두툼한 소보로 빵을 집어 들었다.

"저도 장빈이와 똑같아요. 만화라면 모를까요."

강우도 마찬가지였다.

"미리 겁을 먹어서 그렇지 이야기에 빠져들면 손에서 놓지를 못해. 만화로 된 삼국지는 재미는 있지만 진짜 삼국지가 아냐."

아빠는 기회라도 잡은 듯 강우와 장빈이를 향해 몸을 기울였다. 어떻게든 읽겠다는 약속을 받아 내려는 듯했다.

"아빠, 내가 읽고 있잖아. 내가 읽어서 애들한테 이야기해 줄게."

나는 아이들 쪽으로 기운 아빠의 몸을 바로 세워 주며 말했다.

"그, 그래요. 유비한테 듣고 재미있으면 읽을게요. 정말이에요."

강우는 역시 눈치가 빨랐다. 그러면서 의자를 뒤로 빼 아빠에게서 떨어져 나갔다.

"음, 그럴래? 삼국지를 읽은 사람에 한해서는 북카페 전 메뉴를 무료로 줄 생각이었는데 아쉽다! 음료수는 기본, 간식 같은 것도 잘 챙겨 주고 라면도 끓여 줄 수 있는데……."

아빠는 포기하지 않았다.

"정말요? 마음대로 먹어도 돼요? 약속하시면 저도 읽을게요."

아빠가 드디어 장빈이를 잡았다. 장빈이가 아빠에게 새끼손가락을 내밀었다. 그러자 가만 보고 있던 강우도 새끼손가락을 슬쩍 내밀며 말했다.

"저도요."

삼국지와 메타버스가 무슨 상관?

이웃 마을 아파트들이 경쟁을 하듯 하늘로 치솟았다. 우리 마을을 지켜 주던 낮은 산도 어느새 항복을 했다.

"야, 저러다 여기까지 아파트가 퍼지는 거 아냐?"

장빈이도 그것을 본 모양이었다.

"아파트가 무슨 전염병이냐, 퍼지게? 난 차라리 우리 마을에도 아파트가 지어지면 좋겠어. 소미네 마을처럼 싹 없애 버리고 새 아파트가 들어서면 우리 엄마, 아빠도 엄청 좋아할걸?"

며칠 사이로 강우가 굉장히 뾰족해져 있었다. 강우네는 아파트로 들어가기 위해 지금 살고 있는 집을 팔려고 했다. 그런데 집값이 새 아파트 값의 반도 안 되어 결국 포기했다고 한다.

"이유비, 너는 아파트로 이사 가서 좋겠다."

장빈이가 부러워했다. 벌써 소문이 퍼진 듯했다. 엄마가 일부러 소문을 냈을지도 모른다.

"아냐, 아냐. 우리는 이사 안 가."

나는 손까지 내저으며 말했다.

"정말이지? 이사 안 가는 거지?"

장빈이가 내 손을 덥석 잡으며 반가워했다.

"이유비, 네 입으로 이사 가지 않을 거라고 했어. 그래 놓고 이사 가면 네가 먼저 약속을 어기는 거야. 그럼 당연히 함께 뭉치자던 우리 약속도 없는 거고."

강우가 눈에 힘을 주며 또박또박 말했다. 강우의 성격이라면 그러고도 남았다. 어쩌면 나와 눈도 마주치지 않을 것이다.

사실대로 말하자면, 자신이 없었다. 어쩌면 우리 집도 아파트로 이사 가야 할지 모른다. 누가 이기느냐에 따라서. 아빠, 엄마는 지금 치열한 전쟁 중이다. 엄마가 백 번 양보해서 지금 사는 집은 팔지 않는 것까지 얘기가 진행되었다. 그리고 아빠의 삼국지 북카페 공사도 다시 시작되었다.

대신 아파트로 이사 가는 조건이었지만 아빠가 버텼다. 엄마는 회사도 옮기고, 집도 옮기면 본격적으로 나를 관리하겠다고 으름장을 놓기도 했다. 하지만 아빠는 체질적으로 아파트 생활이 안 맞는다며 고집을 피웠다. 그리고 북카페를 열어도 남는 안채를 그냥 비워 둘 수 없다고 했다.

"엎어지면 코 닿는 데 학교랑 은행이 있는데, 뭐 하러 이사까지 간다고 그래?"

"뭐? 당신 이야기 아니라고 너무 쉽게 말하는 거 아냐?"

아빠의 말에 엄마는 북극 한파가 도망갈 만큼 냉랭하게 쏘아 댔다. 게다가 엊그제는 삼국지를 읽다가 엄마에게 딱 걸렸다.

"이유비, 네가 지금 삼국지나 읽을 때야? 읽어야 할 책들이 얼마나 많은데! 도시 아이들은 지금 코딩도 배우고 메타버스 같은 것도 공부한다고 하더라!"

엄마가 책을 빼앗았다. 얼마나 세게 낚아챘는지 손끝이 아릴 정도였다. 나는 머릿속이 복잡했다. 아빠의 편을 들자니 엄마 눈치가 보였고 엄마 편에 서자니 아빠가 마음에 걸렸다. 삼국지를 선택하느냐 메타버

스를 선택하느냐 같은 문제였다. 아빠는 우리가 살아가는 데 삼국지만큼 좋은 책이 없다고 하고, 엄마는 메타버스 같은 걸 배워야 앞으로 잘 살아갈 수 있다고 한다.

"야, 너희들 메타버스가 뭔 줄 알아?"

나는 강우의 마음을 풀어주려고 말을 돌렸다. 나는 이미 인터넷을 통해 메타버스를 검색해 보았다.

메타버스(metaverse)

가상과 초월을 의미하는 '메타(meta)'와 세계·우주를 의미하는 '유니버스(universe)'의 합성어다. 가상 현실보다 한 단계 더 나아가 사회적·경제적 활동까지 이루어지는 온라인 공간을 일컫는다.

어렴풋하게 느낌은 오는데 뭔가 확실하게 잡히지 않았다. 자세히 풀어 쓴 설명이 더 헷갈렸다.

"우리 동네에 버스가 새로 생겼어? 언제?"

장빈이가 이렇게 물을 줄 알았다. 그러나 강우에게는 기대를 할 만했다. 강우는 학교 공부 말고 이것저것 배우는 것을 좋아하는 편이다.

궁금한 것이 많은 아이였다. 삼국지의 관우와 비슷한 점이 많았다.

"메타버스? 인터넷상의 가상 세계? 정확히 말하면 현실과 가상 세계가 합쳐진 개념이라던데?"

역시 강우였다. 나는 강우의 말을 듣자 머릿속이 환해지는 느낌이었다.

"와! 역시 최강우야. 나는 어제저녁 몇 시간 동안 컴퓨터를 뒤적거려도 모르겠던데. 이렇게 한 문장으로 한 방에 정리를 하다니 말이야."

"갑자기 웬 메타버스?"

"음, 나는 지금 메타버스냐, 삼국지냐 엄청난 기로에 놓여 있거든."

강우와 장빈이는 전혀 이해되지 않는 표정이었다. 그럴 만했다. 삼국지나 메타버스나 둘 다 허무맹랑한 세상 이야기 같지만, 나한테는 생생한 현실이라는 걸 어떻게 이해할까 싶다.

"뭔 소리야. 야, 나는 머리 아픈 건 딱 싫으니까 너희 둘이 얘기해."

때맞추어 장빈이가 떨어져 나가 주었다.

"최강우, 우리 솔직하게 말해 보자."

나는 강우에게 조금 더 다가갔다.

"너랑 나한테 요즘 가장 힘든 일이 무엇일까? 새 학교에 가서 전학생들에게 질 것 같다는 걱정 아니겠어?"

"그래."

강우가 깨끗하게 인정을 했다.

"우리는 남의 것을 뺏으려는 것이 아냐. 최소한 우리 자리를 지키려는 것이지."

이렇게 말을 해 놓고 나도 깜짝 놀랐다. 내 입에서 이런 멋있는 말이 나올지 몰랐다. 혹시 삼국지를 읽어서일까?

"이유비, 나도 지금 삼국지를 읽고 있거든?"

놀랍게도 강우가 가방에서 삼국지를 꺼냈다.

"삼국지를 세 번 읽은 사람과는 싸우지 마라. 나는 너희 아빠의 그 말에 꽂혔거든. 그래서 삼국지를 빌려 달라고 했어. 너희 아빠가 어려우면 언제든지 가르쳐 주신다고도 했어."

아빠라면 강우의 말처럼 충분히 그럴 만했다. 강우가 책갈피가 끼워져 있는 부분을 펼쳤다.

"낙양은 폐허가 되어 예전의 명성을 되찾기가 쉽지 않습니다. 게다가 교통도 좋지 않고 민심도 사납습니다. 그에 비해 하남의 허창은

땅이 비옥하고 물자도 풍부합니다. 물론 백성도 온순합니다. 그뿐 아니라 허창에는 성곽이 있고 궁전도 갖추어져 있습니다. 그러하니 하루빨리 도읍을 허창으로 옮겨야 합니다."

황제는 고개를 끄덕일 뿐 아무 말도 하지 않았다. 신하들도 깜짝 놀랐으나 조조가 두려워 반대하지 못했다. 결국 도읍을 다시 허창으로 옮기기로 결정했다.

마침내 황제와 조조의 군대가 허창에 도착했다. 그곳에는 예전에 쓰던 궁궐과 마을이 잘 정비되어 있었다. 조조는 중요한 직책을 맡았고 자신의 부하들도 중요한 자리에 임명했다.

조조의 권위는 저절로 높아져 갔다. 그에 비해 나라의 관리들은 그저 이름만 있을 뿐 아무런 힘이 없었다. 무슨 일이든 먼저 조조에게 보고한 다음 황제에게 보고해야 했다.

강우는 내가 읽기를 기다리는 듯 책을 펼친 채 한참 동안 그대로 있었다. 나는 벌써 읽은 부분이지만 다시 한번 읽어 내려갔다.

"다 읽었어? 이 부분 말이야. 어쩐지 지금 우리 반 상황 같지 않냐?"

나는 아무 생각 없이 읽은 곳이었다. 강우의 말을 듣자 정말 비슷하다 싶었다.

그렇다면 글 속에 나오는 낙양은 지금 우리 학교였다. 아파트 단지에 새로 생기는 학교는 허창이라는 생각이 들었다. 조조는 과연 누구일까? 소미? 민건이? 상기?

"나는 조조가 소미라고 생각해. 삼국지의 조조처럼 우리 학교를 다 알고 그것을 이용하려고 하잖아. 민건이, 상기보다 더 강력한 적이 될 거야."

강우가 눈을 빛내며 말했다. 삼국지를 읽는다더니 훨씬 똑똑해졌다. 이대로 가다가는 강우가 아빠의 가르침을 받고 삼국지 속의 유비가 될 것 같았다.

검은 용들이 우글우글

하필 교문에서 학교 버스에서 내리는 민건이와 소미를 만났다.

"야, 새별초등학교가 뭐냐, 촌스럽게!"

민건이가 풍선껌을 질겅질겅 씹으며 투덜거렸다. 교문 기둥에 새겨진 학교 이름이 오늘따라 초라하게 보였다.

"여기다가 점 하나를 딱 찍을까? 그러면 새별이 아니라 새별초등학교가 되는데. 헤헷!"

민건이 곁에 껌처럼 붙어 있던 소미가 손가락으로 '별' 자를 콕 찔렀다.

"오, 그것 멋진 생각인데?"

민건이가 즉시 씹던 껌을 뱉어 '별' 자의 'ㅓ'를 'ㅕ'로 바꾸어 버렸다.

"아파트 단지에 생기는 학교는 새별초등학교가 아니라 새별초등학교다. 알았지?"

민건이가 소미에게 말했다. 나에게 들으라고 한 말이었다.

"거기서는 우리가 주인이겠지?"

소미가 맞장구를 쳤다.

그러고는 둘이 배를 움켜쥐고 웃었다. 정말 유치해서 봐줄 수가 없었다.

그때 빨간 승용차가 다가와 멈췄다.

"야, 너희들 거기서 뭐 해?"

상기였다. 승용차 운전석 창문이 스르륵 내려가며 상기 엄마의 얼굴이 나타났다. 나도 모르게 가슴이 두근거렸다. 마침 장빈이가 없는 것이 천만다행이었다.

"안녕! 네가 유비지?"

상기 엄마가 물었다. 대답을 하려 했는데 입속에서 맴돌았다.

"너는 어른이 먼저 인사하고 묻는데 대답도 안 하니? 회장이나 되어 가지고 말이야. 내가 담임 선생님께 얘기 좀 해야겠다."

상기 엄마가 뾰족한 목소리로 다짜고짜 야단을 쳤다.

"안녕하세요? 저는 안소미예요. 상기와 같이 전학 왔어요. 우리 집

은 돌체아파트예요."

소미가 폴짝 앞으로 튀어나오며 인사를 했다. 이어 민건이까지 승용차로 다가가며 인사했다.

"그래? 그렇구나. 좋은 곳에 사네. 우리 상기와 친하게 지내도록 해. 그러면 아줌마가 맛있는 것도 많이 사 줄게."

상기 엄마의 목소리가 금방 부드러워졌다. 나는 얼른 몸을 돌려 교문 안쪽으로 걸어갔다.

"유비라고 했지? 쟤 성격이 좀 이상하지 않니? 저런 애가 어떻게 회장을 하지?"

상기 엄마가 나 들으라는 듯 목소리를 뾰족하게 세워서 말했다.

종례 시간, 선생님의 얼굴 표정이 무척 어두웠다. 선생님은 한참을 망설이더니 어렵게 말을 꺼냈다.

"새 학기는 아니지만 전학생도 많이 오고 다들 정신없죠? 지금까지는 유비가 우리 반 회장이었지만 새로 반이 구성되었으니 임시 회장을 다시 뽑아야 할 거 같아요. 새 학교에 가면 정식으로 다시 투표를 해야 하니 그때까지만 우리 반을 위해 일할 임시 회장을 뽑을게요. 유비는 그동안 수고했고, 보통 임시 회장은 자원하는 사람을 뽑잖아요. 누구

하고 싶은 사람?"

그러자 고민할 틈도 없이 상기가 손을 번쩍 들고 말했다.

"저요. 제가 잘할 수 있어요."

선생님은 상기를 지그시 보더니 고개를 끄덕였다.

"그래. 상기가 하자."

어쩐지 선생님의 목소리가 떨렸다. 선생님은 나와 눈을 마주치지 못했다. 나는 일방적인 통보에 아무 말도 하지 못했다. 원래대로라면 나에게 먼저 말을 해 주어야 할 텐데 너무 급작스러웠다.

나는 엄마가 병실에서 한 말을 곱씹었다. 물론 그럴 리가 없지만 엄마가 선생님을 만났을지 모른다는 의심도 들었다. 아니면 아까 상기 엄마가 선생님을 만났거나.

"우리 유비, 학교에서 무슨 일 있었어?"

학교에서 돌아온 나를 본 아빠가 금방 눈치를 채고 물었다.

"흐흑!"

참으려고 했는데 울음이 툭 터졌다. 생각할수록 억울하고 분했다. 특히 아무런 이유도 없이 결정을 해 버린 선생님에 대한 실망이 더 컸다. 이제껏 보지 못했던 선생님의 모습이었다.

"유비야, 삼국지에서 '군웅할거'라는 시기가 있어. 여러 영웅들이 각 지역을 차지하고 세력을 다투는 거야. 아마 너희 반도 지금 그런 시기를 지나고 있지 않을까?"

아빠가 다가와 들썩이는 내 등을 조용히 쓸어 주며 말했다. 아빠는 이미 내 마음을 다 읽은 듯했다.

"그렇대도 어떻게 이유도 없이……."

나는 자존심이 상해 견딜 수 없었다.

"삼국지에서도 분명히 황제가 있었어. 그런데도 여러 지역에서 힘을 키우며 일어나는 세력들을 다스릴 수 없었지. 아마 선생님도 그러셨을 거야."

어쩐 일인지 아빠의 말이 귀에 쏙쏙 들어와 박혔다. 상기가 임시 회장이 된 것은 분명히 상기 엄마의 힘이었다.

얼마 뒤 조조가 여포를 치려는 계획이 이루어지기도 전에 허창에 위기가 찾아왔다.

"황제가 있는 허창을 침범하려는 도적이 대체 누구냐?"

조조는 검을 지팡이 삼아 일어났다. 그런 뒤 병사들의 보고를 엄한 눈빛으로 들었다.

"동탁의 신하 중 장안에서 위세를 떨쳤던 장제의 조카 장수가 허창으로 쳐들어올 계획이랍니다. 각 지역의 병사들을 끌어모아 세력을 키웠고 형주 태수 유표와 동맹을 맺기도 했습니다."

조조는 장수를 먼저 공격해야겠다고 마음먹었으나 한편으로는 여포가 걸렸다.

"만약 나와 장수의 싸움이 길어진다면 여포가 틀림없이 그 틈을 타 유비를 공격할 것이다. 그리고 그 기세를 몰아 비어 있는 허창을 공격할 게야."

그때 순욱이 말했다.

"여포는 욕망에 눈이 어두운 사람입니다. 유비에게 관직을 내려 우리 편으로 삼은 것처럼 여포에게도 관직을 내린 뒤 유비와 화해하라고 말해 보십시오. 그러면 당분간은 안심되지 않겠습니까?"

"좋은 생각이다."

조조는 사신을 보내 뜻을 전했고, 여포는 크게 감격하여 군소리 없이 조조의 뜻에 따랐다.

군웅할거(群雄割據) 많은 영웅들이 서로 한 지방씩 차지하여 세력을 다툰다는 뜻이다. 삼국지에서는 유비, 동탁, 조조, 원술, 공손찬, 손권 등이 자신들의 뜻을 이루기 위해 서로 대립해 치열하게 싸움을 벌인다.

나는 엄마에게 뺏긴 삼국지를 찾아 방으로 들어왔다. 방금 아빠가 말한 대목을 찾는 데는 오래 걸리지 않았다.

생각해 보니 처음부터 회장을 다시 뽑아야 한다고 말한 것은 소미였다. 마치 삼국지 속의 조조와 같았다. 자신이 직접 나서지 않고 상기를 임시 회장으로 내세운 것도 조조가 여포를 부리는 것과 똑같았다.

"분명히 새 학교로 옮겨 가면 소미가 회장 후보로 나갈 거야."

그렇다면 상기는 소미의 속셈에 놀아나는 욕심 많은 여포와 다를 바

없었다. 어쩐지 우리 반에는 민건이가 말한 검은 용들이 우글거리는 기분이었다.

나는 뒷이야기가 궁금해서 삼국지를 좀 더 읽어 내려갔다.

"그렇게 근심만 하면 좋은 생각이 떠오르지 않습니다. 병사들의 사기도 떨어지고요. 어차피 싸워야 할 거라면 적극적으로 맞서는 것이 좋지 않겠습니까?"

"장비 네 말도 옳다. 그러나 어쩌겠느냐. 이 조그만 성에서 우리가 맞아야 할 적들이 20만 명인데."

"걱정할 것 없습니다. 제가 날랜 부하들을 이끌고 가서 적들과 맞서겠습니다."

장비의 말을 듣고 있자니 유비도 저절로 힘이 났다.

"그래, 좋다. 네 마음껏 조조의 군대를 짓밟아 놓도록 해라."

장비는 곧 모든 준비를 갖춘 뒤 앞장서 조조의 군대를 습격하기로 했다. 드디어 밤이 깊어지자 장비가 병사들을 이끌고 조조의 진영으로 갔다. 그 뒤를 유비가 따랐다.

'아, 이래서 아빠가 삼국지를 읽으라고 했던 거야.'

갑자기 복잡하던 머릿속이 환해지는 느낌이었다.

"우리가 맞서야 할 전학생이 열세 명! 우리보다 확실히 수가 많긴 해. 하지만 나 혼자 싸우는 게 아니잖아. 나에게는 힘센 장빈이와 머리 좋은 강우가 있어. 좋아, 한번 해 보는 거야."

나는 주먹을 불끈 쥐었다.

3장
세 번 찾아가 부탁하다

선생님, 우리 선생님

"유비는 이따 끝나고 장빈이랑 이야기 길에서 나 좀 보고 가렴."

화장실을 가다 담임 선생님을 만났다.

'칫!'

마음이 먼저 선생님을 밀어냈다. 그러나 티를 낼 수 없었다. 솔직히 선생님이 너무했다.

"나도 가야 돼?"

수업이 끝나고 학교 뒷문으로 가는데 장빈이가 자꾸 빠지려 했다. 자기는 선생님한테 그런 말 들은 적이 없다고 말이다.

"나도 가기 싫거든?"

내가 화를 내자 어쩔 수 없다는 듯 따라왔다.

학교 뒷문을 빠져나오면 바로 습지였다. 그 습지 사이로 오솔길이 나 있었다. 거기가 바로 선생님과의 이야기 길이었다.

"어서 와. 이 길에 오랜만에 오지?"

선생님이 먼저 와 있었다. 선생님은 손에 초코바를 한 줌 쥐고 있었다.

"김장빈, 선생님이 정말 미안해."

갑자기 선생님이 사과를 했다. 초코바의 껍질을 벗기던 장빈이가 손을 멈췄다.

"상기 어머니에게 그렇게 혼이 나는데도 널 지켜 주지 못해서. 정말 정말 미안해."

선생님의 목소리가 떨렸다. 선생님이 장빈이의 손을 잡자, 장빈이의 손에서 초코바가 툭 떨어졌다.

"……"

장빈이는 땅에 떨어진 초코바를 잠시 보더니, 붙잡힌 손을 뺐다.

"선생님, 제 얼굴이 그렇게 흉기예요? 무시무시해요?"

장빈이의 목소리에 울음이 섞여 있었다. 천하태평인 것 같지만 장빈이도 상처를 받았던 것이다.

"아냐, 장빈아! 그렇지 않아. 장빈이는 친구들을 위할 줄도 알고, 씩씩하잖니. 선생님이 누구보다 잘 알잖아."

장빈이의 머리를 쓰다듬는 선생님은 우리가 알던 그 선생님이 맞았다. 임시 회장을 정하는 날처럼 선생님의 표정은 몹시 굳어 있었지만 말투는 따뜻했다.

"선생님은 마음병이 있어. 상기 엄마 같은 학부모 한 분에게 1년을 시달렸는데, 그때부터 학부모가 찾아와서 항의를 하면 가슴이 벌렁거리고 숨조차 쉬기 어려워."

아, 그래서였구나. 나는 그날 선생님이 상기 엄마 앞에서 장빈이를 왜 감싸 주지 못했는지 비로소 이해했다.

"선생님, 아프지 마세요. 저는 이제 괜찮아요."

시원하게 말하는 장빈이가 참 멋있게 보였다. 땅에 떨어진 초코바를 집어 입에 넣지 않았더라면 더 멋있었을 것이다.

"유비에게도 참 미안해. 선생님을 도와서 회장 일을 참 열심히 해 줬는데……."

선생님이 이번에는 내게 사과를 했다.

"유비가 회장으로 있는데 상기를 임시 회장 시킨 건 너무했어요."

장빈이가 초코바를 우물거리며 눈치 없이 말했다.

"갑작스럽게 회장을 바꿔서 많이 속상했지? 미안해, 유비야, 미리 말하지 못해서. 내가 마지막까지 마무리를 잘하고 떠나야 하는데……."

장빈이가 초코바를 먹다가 입을 딱 벌렸다. 나도 깜짝 놀라 선생님을 쳐다봤다.

"마지막이라뇨?"

원래 선생님은 도시 학교에서 일했는데, 몸이 약해 일부러 공기가 좋은 시골 우리 학교로 왔다고 했다. 건강을 위해 아침 일찍 학교 주변을 산책도 하고, 우리하고도 꽤 친해졌는데, 갑자기 무슨 말인가 싶었다.

"선생님, 우리 학교를 그만두시려고요? 그러지 마세요. 우리가 선생님을 얼마나 좋아한다고요. 선생님, 학교 그만두지 마세요."

정말이다. 새로 전학 온 아이들은 모르겠지만 우리 중에 선생님을 싫어하는 아이는 한 명도 없었다.

"……."

그런데도 선생님은 말이 없었다. 선생님과 우리 반 열두 명이 둥근 모둠으로 둘러앉아 도란도란 공부하던 때가 생각났다. 서로 다투기도 했지만 화해하는 것도 금방이었다. 지금처럼 쓸데없이 머리를 쓰지 않아도 되었다.

"그러고 보니 몇 달 사이에 우리 유비가 많이 컸네? 선생님 위로도 해 주고 말이야."

한참 후, 선생님이 쓸쓸하게 웃으며 말했다. 그것은 내가 생각해도 신기했다. 선생님의 말처럼 어쩐지 내가 몇 달 사이에 쑥 커진 기분이었다.

"유비야, 너희들은 잘 지내는데 선생님만 이렇게 못나게 힘들어하나 보다."

선생님의 마지막 말이 너무 기운이 없어서 나도 기운이 쭉 빠졌다.

며칠 동안 곰곰이 생각해 봤다. 선생님의 마음병에 대해서 말이다. 아무래도 상기 엄마 때문에 마음병이 도진 게 틀림없었다.

"유비, 무슨 고민 있니?"

아빠가 이번에도 먼저 눈치를 채고 물었다. 아빠는 아직 자유롭게 손을 쓸 수 없었다. 그러나 삼국지 북카페 공사는 이어 갔다.

"아빠, 선생님이 학교를 그만두신대요."

아빠라면 좋은 생각이 있을 것 같았다.

"참 좋은 분이신데 안타깝구나. 개인적으로 무슨 사정이 있으시겠지. 엄마도 너 어릴 때 1년간 은행을 쉰 적이 있거든."

아빠는 아무렇지도 않게 말했다.

"그게 아니고요. 선생님은 마음병이 있대요. 갑질을 하는 학부모에게 시달린 적이 있어서요. 그래서 학교를 쉬다가 우리 학교로 왔는데 이번에도 우리 반에 그런 엄마가 있어요."

나는 상기 엄마라고 말하지 않았다. 그리고 장빈이가 당했다는 것을 숨겼다. 아빠는 장빈이 아빠와 친하다. 만약 장빈이 부모님이 그 사실을 안다면 학교가 또 한 번 뒤집어질 게 분명하다.

그제야 아빠의 얼굴이 달라졌다. 학교 버스가 도착할 시간이었다. 나는 침을 꼴깍꼴깍 삼키며 아빠의 입을 뚫어져라 바라보았다. 아빠라면 멋진 해결책을 알려 줄 것 같았다.

"돌을 옥처럼 보이려 해도 그럴 수 없는 것처럼 옥을 돌이라 말씀하셔도 믿을 자가 아무도 없습니다. 나라가 어지럽고 백성이 편안하지 않을 때는 공자도 백성들 사이로 들어가 힘을 보태지 않았습니까? 지금은 공자의 시대보다 더 큰 근심이 나라에 있습니다. 이러한 시대에 세상에 나가면 속된 무리와 섞여 몸과 이름이 더러워진다는 것은 잘 알고 있으나 그것마저도 참아야 진정으로 나라를 구하는 일이 아니겠습니까? 선생님, 부디 마음을 열어 진심을 들려주시기 바랍니다."

유비는 예를 갖춰 말하면서도 물러설 기미를 보이지 않았다.

아빠가 삼국지의 한 대목을 들려주었다.

"유비가 이렇게 선생님께 학교 그만두지 말라고 부탁해 보면 안 될까? 유비가 제갈량에게 삼고초려했듯이 말이야."

아빠의 대답은 시시했다. 아빠는 또 삼국지에게 나의 고민을 떠넘기고 슬쩍 빠져 버렸다.

강력한 무기

학교로 가는 길에 강우를 만났다. 곧이어 장빈이가 퉁퉁 부은 얼굴로 나타났다. 분명 어제저녁 마음껏 먹고 늘어지게 잔 듯했다. 오랜만에 셋이 함께 뭉쳤다.

"왜? 선생님 문제야?"

강우는 역시 눈치가 빨랐다. 아니면 장빈이가 벌써 얘기했거나. 나는 아빠에게 들은 삼국지의 삼고초려를 떠올렸다.

"장빈아, 네가 먼저 선생님에게 부탁해 볼래? 학교 그만두시지 말라고. 네 책임도 커. 네가 상기와 문제가 없었으면 상기 엄마가 안 쫓아왔을 테고 선생님의 마음병이 다시 도지지도 않았을 거 아냐."

나는 소리를 죽여 빠르게 말했다. 장빈이에게는 이렇게 직접적으로 말해야 한다. 그래야 단번에 알아듣는다.

"그, 그건 그렇지만……."

장빈이가 찔끔했다.

"야, 뭘 그렇게까지 해. 선생님도 무슨 이유가 있겠지."

강우가 반대했다. 이럴 때만 쓸데없이 이성적인 강우였다.

"맞아."

장빈이도 맞장구를 쳤다. 이렇게 되면 나도 가만있을 수 없었다.

"강우, 너는 선생님에게 그러면 안 돼. 너희 부모님 교통사고 났을 때 너 한 달 동안이나 선생님 집에서 학교 다녔잖아. 그때 먹여 주고 재워 주신 거 벌써 잊었어?"

나는 강우에게도 직접적으로 들이댔다.

나 혼자 줄기차게 쫓아가 부탁하느니 장빈이, 강우 그리고 내가 차례로 선생님을 찾아가는 것이 나을 것 같아서였다. 유비가 세 번이나 제갈량을 찾아간 것처럼 나름의 전략인 셈이다.

학교로 가는 동안 선생님과의 일들이 새록새록 되살아났다. 선생님은 아이들 집에 일이 생기면 기꺼이 엄마가 되어 보살펴 주었다. 아이들이 아프면 엄마보다 먼저 병원에 데려갔다. 이런 좋은 선생님을 그냥 떠나보내야 한다는 사실을 나는 절대 받아들일 수 없었다.

어느새 해가 바뀌었다. 그동안 유비는 단 하루도 제갈량을 잊은 날이 없었다. 유비는 입춘이 지나자 점을 치는 사람에게 길일을 고르게 했다. 그러고는 3일 동안 목욕을 하여 몸을 깨끗이 한 다음 관우와 장비를 불러 말했다.

"세 번째로 공명 선생(제갈량)을 찾아가겠다."

두 사람 모두 달갑지 않은 표정을 지으며 한목소리로 말했다.

"이미 두 번이나 친히 찾아가셨는데 이번에 또 방문하신다는 건 너무 지나친 예의입니다. 저희가 생각하기에 제갈량은 알맹이가 없는 거짓 학자인 듯합니다. 그 때문에 유비 형님을 피하는 게 아닐까 싶습니다."

"절대 그렇지 않다."

유비는 조금도 물러서지 않았다. 그러고는 이내 여장을 꾸려 길을 나섰다. 마침내 제갈량의 초가집에 도착한 유비는 말에서 내려 공손하게 문을 두드렸다.

"공명 선생 계십니까?"

그러자 동자가 나와 대답했다.

"네, 선생님은 집에 계시긴 합니다만 지금 낮잠을 주무십니다."

"그럼 잠시 기다리도록 하겠다."

유비는 공손히 손을 모으고 서서 제갈량이 잠에서 깨기를 기다렸다.

삼고초려(三顧草廬) 47세의 유비가 스무 살이나 어린 27세의 제갈량의 초가집에 세 번이나 찾아가 간곡하게 부탁한 데서 유래한 고사성어다. 유능한 인재를 맞아들이기 위해 참을성 있게 노력을 한다는 뜻으로, 유비의 정성에 감동한 제갈량은 드디어 유비를 돕게 된다.

"싫으면 너희들은 빠져. 나는 세 번이 아니라 삼십 번이라도 부탁할 거야."

나는 두 주먹을 꼭 쥐며 말했다. 그러고는 혼자 빠른 걸음으로 운동장을 가로질렀다.

"야, 그렇다고 그렇게 삐지면 어떡해!"

교실로 들어가려는데 강우가 급히 뒤따라와 내 옷소매를 잡았다. 나는 그 손을 뿌리치며 강우를 향해 눈을 흘겼다.

"알았어. 먼저 장빈이가 부탁해 볼 거야. 그다음에는 내가 하고, 그래도 안 되면 그다음에는 유비 네가 해."

강우가 마음을 돌렸다. 말을 그렇게 해 놓고 양심에 찔렸나 보다.

"그러든지 말든지."

나는 쌀쌀맞게 대꾸했다.

"내가 장빈이에게 선생님을 보자마자 막 울기부터 하라고 했어. 선생님이 학교를 그만두면 학교를 안 다닐 거라고 협박도 하고."

"푸학!"

강우의 말에 나는 참지 못하고 웃음을 터뜨리고 말았다. 장빈이가 그 큰 덩치로 선생님 앞에서 우는 모습이 떠올랐다. 상상할수록 웃긴 장면이었다. 어쩌면 선생님도 너무 웃겨서 그냥 알았다고 할지도 모른다.

"그러면 강우 너는 어떻게 부탁할 건데?"

"나? 나야 선생님 집으로 그냥 쳐들어가는 거지. 학교 그만두면 절대 집에 안 간다고 누워 버릴 거야."

강우가 아무렇지도 않게 말했다. 하긴 선생님 집에서 지낸 지 며칠 만에 자기 집보다 편하다고 했던 강우였다.

"이유비, 삼국지에서도 누가 누구를 세 번 찾아가는 것 같던데? 그게 누구였더라?"

강우가 뜬금없이 물었다. 삼국지를 대충대충 읽는 것이 분명했다.

장빈이와 강우에게 부탁한 지 하루가 지났다. 잔뜩 기대를 했는데 결국은 실패였다.

"내가 우니까 선생님이 더 크게 울더라. 내가 학교 안 다닌다고 했는데도 꿈쩍 않으시던데."

장빈이가 한숨을 푹 내쉬며 말했다.

"나는 어떻고. 선생님 집에서 산다고 했더니 그러라고 하더라."

강우도 얼굴을 찡그리며 머리를 흔들어 댔다.

"너는 어떻게 할 건데?"

강우가 내게 물었다. 솔직히 장빈이와 강우면 충분할 것 같았는데,

턱도 없었다. 이제는 뭔가 선생님을 꼼짝 못 하게 할 강력한 무기가 필요했다.

선생님이 좋아하는 것이 무엇이었더라? 그냥 우리들 그 자체였다. 선생님도 "이 세상에서 너희들이 가장 좋아."라고 자주 말했으니까.

그러면 싫어하는 것은 무엇이었더라? 사람에 대한 차별이었다. 공부를 못한다고, 가난하다고, 못생겼다고 절대 차별하지 못하게 했다. 우락부락하게 생긴 장빈이가 그렇게 당당하게 지냈던 것도 선생님 덕분이었다. 고민에 고민을 거듭했지만 뾰족한 수가 떠오르지 않았다.

열두 척의 배가 있어요

 소미는 틈만 나면 우리 반 아이들에게 햄버거를 뿌렸다. 소미의 엄마가 햄버거 가게를 하기 때문이다. 가게에 가서 햄버거를 사 먹으면 반값으로 준다고도 했다. 소미네는 아파트 단지가 들어선 이웃 마을에서 가장 땅이 많았다. 그래서 큰 부자가 됐다는 소문이었다.
 "야, 한소미! 너 그거 사전 선거 운동인 거 알아?"
 임시 회장인 상기가 발끈했다.
 "무슨 사전 선거 운동이야. 민건이 너도 그렇게 생각해?"
 소미가 민건이를 끌어들였다. 민건이는 아주 교묘하게 상기와 소미 사이에서 줄타기를 하고 있었다. 특별히 누구 편도 들지 않았다.
 "상기의 말도 말이 되고 소미의 말도 말이 되고."

이번에도 어물쩍 넘어갔다. 민건이, 상기, 소미가 우리 반 회장 후보로 나설 거라는 건 이미 정해져 있는 듯했다. 나는 끼지도 못했다. 중요한 건 내 관심이 거기에 있지 않다는 것이다.

"이유비, 이제 네가 마지막이잖아. 선생님께 학교 그만두시지 말라고 부탁해 봤어?"

장빈이가 걱정스럽다는 듯 물었다.

"선생님이 학교를 그만두신다고?"

옆자리에 앉은 소영이가 깜짝 놀랐다.

"쉿! 소영이 너만 알고 있어. 선생님이 비밀로 하라고 하셨어."

나는 작은 소리로 속삭였다.

"그럼 새 학교로 가면 우리 선생님이 바뀌는 거야? 어떻게 그래? 아직 학년이 바뀐 것도 아닌데? 진짜 확실해? 지금 회장이 누가 되느냐가 중요한 문제가 아니구나."

소영이 말이 맞다. 회장이 중요한 게 아니다. 소영이는 우리 열두 명 중에서 가장 침착했다. 절대로 자신의 감정을 쉽게 드러내지 않는 아이였다.

나는 쉬는 시간에 소영이와 강우를 불러냈다. 그리고 책임지고 아이들에게 편지를 받아 오라고 부탁했다. 소영이와 강우도 아주 좋은 생각

이라며 찬성했다.

아이들의 편지가 이렇게 빨리 모아질지 몰랐다. 한 명도 빠지지 않고 다 썼다. 급히 썼는지 글씨도 엉망이고 내용도 아주 짧았지만 내가 읽어도 코끝이 찡했다. 특히 소라의 편지는 눈물을 쏙 빼 놓았다.

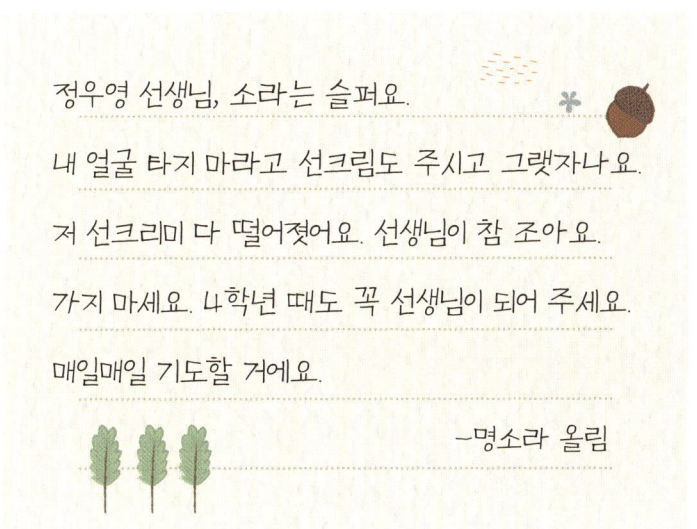

정우영 선생님, 소라는 슬퍼요.
내 얼굴 타지 마라고 선크림도 주시고 그랫자나요.
저 선크리미 다 떨어젓어요. 선생님이 참 조아요.
가지 마세요. 4학년 때도 꼭 선생님이 되어 주세요.
매일매일 기도할 거에요.
　　　　　　　　　　　　　　　　－명소라 올림

소라는 말은 잘하는데 아직 한글 쓰기에는 서툴다. 어쩐 일인지 받침이 엉망인 소라의 편지가 코끝을 더 찡하게 했다.

하얀 안개가 짙게 깔린 밤이었다. 배 스무 척이 천천히 북쪽을 향해 강을 거슬러 올라갔다.

"스무 척의 배가 모두 짚과 천으로 덮은 것이 꼭 복면을 쓴 위장선 같습니다."

유비의 편에 선 노숙이 궁금해하며 어떻게 10만 대의 화살을 구할지 계속 물었지만 제갈량은 그저 자신을 믿으라는 말만 되풀이했다. 짙게 깔린 안개 때문에 각 진영의 횃불들조차 가물가물할 정도였다.

조조는 초저녁부터 강기슭의 경계를 튼튼히 하라고 명령을 내렸다. 새벽녘이 되자 북소리가 울리고 병사들의 함성 소리가 들렸다. 오나라 군대가 쳐들어온 것이다. 조조는 기다리고 있었다는 듯 한꺼번에 활을 쏘게 했다. 그런데 얼마 뒤 오나라의 군함들이 별다른 반격도 없이 쏜살같이 강을 내려갔다.

"승상, 화살을 선물로 주셔서 고맙습니다."

제갈량이 북쪽을 향해 소리쳤다. 실제로 두툼한 짚과 천으로 뒤덮인 배에는 적의 화살이 빽빽하게 꽂혀 있었다.

"당했다!"

뒤늦게 깨달은 조조가 추격선을 보냈지만 오나라의 군함을 놓치고 말았다.

"어떻습니까? 이 화살의 수를 셀 수 있으신지요?"

제갈량이 노숙에게 말했다. 노숙은 그제야 제갈량의 계책을 깨닫고 혀를 내두르며 감탄할 뿐이었다.

"도저히 셀 수가 없습니다. 선생이 사흘 안에 화살 10만 대를 만들겠다고 장담한 것이 바로 이것이었군요."

"그렇습니다. 장인을 모아 이 정도를 만들려면 열흘로도 어려울 것입니다."

제갈량은 마치 남의 일을 이야기하듯 담담하게 말했다.

"됐어!"

나는 제갈량이 적으로부터 뺏은 10만 대의 화살을 손에 거머쥔 듯했다. 나는 소라의 편지를 가장 끝에 놓았다. 가장 강력한 무기는 처음부터 쓰는 것이 아니니까.

교무실로 들어가다가 선생님과 눈이 딱 마주쳤다.

"선생님, 말씀드릴 게 있어요."

나는 선생님에게 또박또박 말했다.

"유비가 찾아올 줄 알았다. 우리 상담실로 갈까?"

선생님이 희미하게 웃으며 앞장을 섰다. 선생님이 걸어가면서 뒤로 오른손을 빼내 흔들었다. 손을 잡자는 뜻이었다. 나는 얼른 다가가 선생님의 손을 잡았다. 선생님의 손은 여전히 따뜻했다.

"선생님, 이거요."

상담실에 들어서자 나는 가방에서 아이들 편지를 꺼내 선생님 앞에 놓았다. 그리고 자리에서 일어나 물을 마시는 척하며 정수기 앞으로 갔다. 진짜 목이 마르기도 했다. 나는 컵에 물을 받아 아주 조금씩 천천히

마셨다. 선생님도 아주 천천히 편지를 읽었다.

가슴이 두근거리다 못해 벌렁거렸다. 열두 명? 열두 통의 편지? 열두 척의 배? 언젠가 영화에서 본 이순신 장군이 떠올랐다. 이순신 장군이 억울하게 옥살이를 하다 다시 전쟁터로 달려간 그때 나왔던 웅장한 대사였다.

"선생님!"

나는 선생님을 힘차게 불렀다.

"선생님에게는 아직 열두 척의 배가 있어요!"

"……."

선생님은 내가 무슨 말을 하는지 잘 모르는 것 같았다.

"선생님에게는 열두 명의 우리들이 있다고요. 그러니 제발 학교 그만두지 마세요."

내 말에 선생님이 피식 웃었다. 뭔가 고민이 사라진 듯한 표정 같기도 했다. 우리 전략이 통한 건가?

4장
큰 싸움이 시작되다

싸움의 시작

드디어 여름 방학이 끝나고 새 학교가 문을 열었다. 새 학교는 학년마다 상담실이 있었다. 그래서인지 학부모들이 학교에 자주 찾아왔다. 특히 상기 엄마의 모습이 자주 보였다. 그때마다 나는 가슴이 뜨끔뜨끔했다. 선생님의 마음병이 다시 도질까 봐 걱정이 되어서였다.

"이유비, 새 학교로 옮겼는데 엄마가 한번 찾아가 봐야 되는 거 아냐? 담임 선생님도 바뀌었다며. 새로 온 선생님 성함이 지선옥 선생님이지?"

맞다. 담임 선생님이 바뀌었다. 다행히 정우영 선생님은 학교를 그만두지 않고 1학년 선생님이 되었다. 처음에는 몹시 서운했지만 오히려 잘된 일이었다.

"무슨! 내가 아기야? 절대 안 돼!"

나는 엄마의 말이 끝나기도 전에 소리를 질렀다. 그래 놓고 나도 깜짝 놀랐다. 식탁에 앉아 있던 아빠까지 되돌아볼 정도였다.

"그래? 알았어."

어쩐 일인지 엄마가 순순히 물러났다. 나는 얼른 방으로 들어왔다.

"당신, 유비 학교에 한번 가 봤어?"

방문에 바짝 귀를 대자 거실의 소리가 다 들렸다.

"내가 좀 바빠서……. 카페 공사도 마무리 중이고."

"어휴, 새 학교는 예전 학교와 달라. 예전 학교처럼 여겼다가는 큰일 난다고. 당신이 안 가면 나라도 한번 찾아가 볼 생각이야."

엄마가 목소리를 살짝 낮춘 듯했지만 워낙 힘주어 말하다 보니 다 들렸다. 정우영 선생님이 학교를 그만두는 것은 막았지만 더 큰 숙제가 남았다. 바로 새 담임 선생님과의 불편한 관계였다.

지선옥 선생님은 한마디로 '차도녀' 같은 느낌이었다. 차가운 도시 여자 말이다. 뭐든 혼자 결정하고 무조건 따라오라는 식이었다. 특히 재학생이었던 우리와 전학생들을 대하는 태도가 미묘하게 달랐다. 전학생들이 질문하면 꼬박꼬박 친절하게 대답해 주지만 우리가 질문하면 무시하기 일쑤였다. 담임 선생님이 그러니 전학생들까지 똘똘 뭉쳐 노골적으로 우리를 따돌렸다.

나는 밤늦도록 뒤척뒤척했다. 잠이 오지 않았다. 새벽에 잠깐 잠이 들었는데 괴물에게 쫓기는 무시무시한 꿈에 시달렸다. 엄마는 그사이 아침밥을 해 놓고 출근했다.

"요즘 엄마가 힘들어하네. 빨리 아파트 단지에 있는 새 지점으로 옮겨야 하는데 인수인계도 해야 하고 시간이 좀 걸리나 봐."

월요일, 엄마의 새벽 출근이 특별한 것은 아니다. 늘 그래 왔는데 오늘따라 아빠가 내 눈치를 보며 말했다. 엄마가 은행을 옮기면 나도 아

파트 단지로 가라는 뜻 같았다. 거리가 가까우니 북카페로 출퇴근을 하면 될 텐데, 아빠는 아파트가 썩 달갑지 않은 듯했다.

"그러면 아빠는 같이 이사 안 가?"

솔직히 말하면 나도 아빠와 살고 싶은 마음이 굴뚝같았다.

"아빠는 시골집을 지켜야 돼. 집에 사람이 안 살면 더 빨리 낡거든. 북카페로 바꾸는 아랫집보다 지금 살고 있는 안채가 더 크기도 하고, 할아버지, 할머니 때부터 살아온 집이잖아. 아빠가 태어난 곳이기도 하고. 오래오래 지켜야지."

"그럼 나도 이사 안 가. 여기서 학교 다닐 거야. 거리도 가깝고, 버스도 다니니까 나도 충분히 혼자 다닐 수 있어."

나는 분명하게 말했다.

"그건 엄마랑 더 의논해 보자. 그건 그렇고, 새 학교는 괜찮아? 아빠에게 할 말은 없어?"

아빠가 물었다.

"……"

나는 대답하지 않고 대신 입술을 꼭 깨물었다. 내가 입을 다물고 있자 아빠는 알 만하다는 듯 고개를 끄덕였다.

"삼국지에 보면 적벽대전이라는 아주 큰 싸움이 있어. 유비가 이웃 오나라와 손을 잡고 막강한 힘을 가진 조조에 맞서 싸운 거야. 모든 것을 혼자 해결하려 하지 말고 힘들 때는 친구들에게 도움을 청해서 해결해. 그게 현명한 거야."

아빠의 말처럼 혼자 담임 선생님과 싸우려는 것은 아니었다. 전학생인 소미와 민건이까지 내 편에 섰다. 물론 자기들이 불리하다 싶으니까 그렇겠지만 말이다.

선생님은 특히 상기를 챙겼다. 상기 엄마가 들락날락해서 그런 걸까. 내가 상기라면 그것도 신경 쓰이고 창피할 거 같은데, 상기는 날이 갈수록 기세등등해졌다. 심지어 첫날 선생님은 임시 회장이 상기라는 말을 듣고 계속 회장을 시킬 거라고 했다. 아이들의 표정이 와락 구겨진 건 안중에도 없어 보였다.

어느덧 어스름이 내리고 강 위에 바람과 물결이 거세게 일었다. 새벽부터 불어온 동남풍은 저녁이 되니 한층 더 세차게 불었다. 그런 탓에 강 위에서는 수증기가 피어올랐다.

오나라 장수인 주유와 정보는 돛이 힘차게 펄럭이는 배를 움직이기 시작했다.

그날 밤 노숙과 방통은 아무도 없는 오나라 군대의 본진을 지키고 있었다.

한편 유비는 동남풍이 불어올 무렵 조운에게 제갈량을 맞이하러 가라고 일렀다. 그러고는 망루 위에 앉아 제갈량이 돌아오기만을 기다렸다. 얼마 뒤 조운이 제갈량과 함께 돌아왔다.

"무사히 돌아와서 천만다행이오."

유비와 제갈량은 오랫동안 손을 맞잡았다.

그런 다음 제갈량이 유비에게 오나라의 상황을 보고했다.

"지금 상황이 긴박하게 돌아가고 있습니다. 곧바로 출정 명령을 내리셔야 합니다."

"그렇지 않아도 모든 준비를 해 놓았소. 공명 선생의 생각대로 실행하면 되오이다."

제갈량이 가장 먼저 조운에게 명을 내렸다.

"장군은 병사를 이끌고 강을 건너 적벽 맞은편 오림의 숲에 매복해 있으시오. 오늘 밤 조조가 배를 버리고 그 길로 도망쳐 오면 공격하되, 도망치는 자들을 무리해서 쫓지는 마시오. 조조가 지나가면 뒤에 불을 놓아 적을 혼란스럽게 하여 남군까지 계속 몰아부치시오."

> **적벽대전**(赤壁大戰) 조조에게 크게 패한 유비가 오나라의 손권과 손을 잡고 양쯔강에서 조조와 벌인 가장 큰 싸움이다. 이로써 중국은 위, 촉, 오로 나뉘게 되고, 세 나라 사이의 싸움은 더욱 치열해진다.

나는 점심시간 내내 삼국지를 읽었다. 유비가 큰 싸움을 앞두고 있는 대목이었다. 글 속에서는 제갈량이 유비를 돕고 있었지만 지금 나에게는 아무도 없었다. 그래서 더 긴장이 되었다.

"이유비, 왜 보자고 했어?"

아니나 다를까, 상담실에 앉자마자 담임 선생님이 냉랭하게 물었다. 찬바람이 쌩하니 돌았다. 나는 전쟁을 앞둔 삼국지의 유비처럼 하루 종일 떨려서 힘들었다. 그런데 상담을 요청한 나를 귀찮아하는 듯한 선생님을 보자 오히려 마음이 단단해졌다.

"제가 저번 학교에서는 회장이었거든요. 상기가 임시 회장을 한 것까지는 괜찮아요. 그런데 왜 상기를 반 아이들 투표도 없이 회장을 시키려고 하세요?"

'왜 하필 상기를!'

나는 이 말까지 나오려는 것을 꾹 참았다. 상기 엄마에게 당하던 장빈이가 떠올라서였다. 나의 물음처럼 새 학교로 옮겨 온 첫날, 선생님은 상기더러 회장을 계속하라고 했다. 황당한 것은 나뿐만이 아니었다. 우리 반 스물다섯 명 모두가 그랬다. 상기까지도 당황스럽다고 했다.

"그걸 꼭 선생님이 유비에게 설명해야 되니?"

"네."

"왜 그래야 되는데?"

선생님의 말끝이 뾰족했다. 마치 물음표를 거꾸로 세운 듯했다. 그렇다고 물러설 내가 아니었다.

"상기가 회장이 된 기준이 없어서요. 회장을 하겠다고 손 든 순서도 아니고요, 출석부 번호순도 아니고요, 가나다 이름순도 아니고요, 전학 온 순서도 아니고요, 공부 잘하는 순서도 아니고요, 생일이 빠른 순서도 아니고요, 선거를 해서 뽑은 것도 아니고요."

나는 그때까지 곰곰이 생각해 온 것들을 죄다 쏟아 놓았다. 나도 막힘없이 말을 하는 내가 놀라웠다.

"이유비, 얌전한 아이인 줄 알았는데, 아주 당차구나. 상담 요청이 아니라 따지러 왔구나?"

선생님이 당황하기 시작했다.

"저만 그런 게 아니라 우리 반 애들 모두가 선생님께 묻고 싶은 말일 거예요."

기왕 말이 나온 김에 나는 마지막까지 밀어붙였다. 선생님의 하얀 얼굴이 붉게 변했다.

"그럼 일주일 후에 회장 선거를 하자. 됐지? 상기는 기껏 며칠 임시 회장이야. 선생님도 다 생각이 있었는데 보기보다 성격이 급하구나."

선생님은 어떻게 하든 변명을 하려고 했다.

결론은 우리 반 회장을 새로 뽑는다는 사실이었다. 가만있다가는 상기가 회장이 될 판이었는데, 이 정도면 성공이었다. 내가 선생님과의 큰 싸움에서 완벽하게 이긴 셈이다.

좋은 새는
나무를 가려 앉는다

회장 후보자가 되려면 다섯 명 이상의 추천을 받아야 된다. 우리 반 회장 선거 규정이었다. 하지만 나는 회장 선거에 출마하지 않기로 마음먹었다.

"이유비, 이대로 가다가는 상기가 다시 회장이 된다니까? 네가 나가야 된다고! 다시 생각해!"

강우가 나를 설득했다.

그러나 나는 마음을 바꾸지 않았다. 회장 선거에 안 나가려는 이유가 분명히 있었다. 담임 선생님과의 불편한 관계 때문이었다.

"어? 여기 있었네. 이유비, 너 한참 찾아다녔어."

장빈이가 하필 민건이와 함께 왔다. 강우가 그런 장빈이에게 한마디

하려다 입을 꾹 다물었다.

"민건이가 회장 후보로 유비 너를 추천했어. 그리고 지연이, 장혁이, 미지까지 끌어왔어. 추천인이 일곱 명이야. 벌써 선생님에게 추천서도 냈어."

장빈이가 크게 한 건 했다. 장빈이가 뒤에 처져 있는 민건이를 앞으로 끌어오며 자랑스럽게 말했다.

"민건이 네가 왜?"

나는 놀라서 물었다. 내 생각으로는 민건이도 당연히 회장 후보로 나설 것이라고 여겼다.

"나는 그냥 의리 있는 사람이 좋아. 유비, 너는 의리가 있으니까. 너는 이기적이지도 않고 어려운 친구들을 보면 도울 줄도 알잖아. 나도 그것쯤은 안다고. 그래서 회장감이라고 생각했어."

민건이가 어깨를 으쓱 올리며 말했다. 민건이의 노랑머리가 많이 옅어졌다. 그리고 머리카락의 절반쯤이 벌써 검은색이었다.

"그래, 유비 네가 회장이 되어야 해."

강우가 다시 졸라 댔다. 이미 추천서까지 냈다니까 이제는 어쩔 수 없었다.

다음 날 익주의 대신 이회가 유비를 찾아왔다.

"이곳에 무엇 때문에 온 것이오?"

"한중을 지키고 있는 마초를 설득하러 왔습니다."

"그대가 마초를 설득해 내 부하로 만들 자신이 있다는 말이오?"

"그렇습니다. 공명 선생을 제외하고 이 일을 성공시킬 사람은 저밖에 없습니다."

"하지만 그대는 일찍이 유장에게 나를 익주에 들여서는 안 된다고 말한 신하 중 한 사람이 아니오? 이제 와서 유장을 버리고 나를 위해 일하겠다니 무슨 생각인 것이오?"

"좋은 새는 나무를 가려 앉는다고 했습니다. 황숙께서는 익주를 무너뜨리기 위해 온 것이 아니라, 인으로써 다스리기 위하여 온 것이 아닌지요."

이후 이회가 마초의 항복을 받아 오자 유비는 천군만마를 얻은 듯했다. 익주를 얻는 것도 이제 시간문제였다.

"이제 전면전이다."

마침내 유비는 10만 대군을 이끌고 출정하기로 마음먹었다. 유비의 군대는 조운을 앞세워 가맹관을 나와 진을 쳤다.

한편 제갈량은 황충, 장비, 위연에게 계책을 전해 한중을 공략할 준비를 모두 마쳤다.

그 소식을 들은 조조는 곧바로 40만 대군을 이끌고 허창을 나섰다. 조조는 황금 안장을 얹고 옥으로 만든 재갈을 물린 백마에 올라탔다. 조조가 한중에 도착하자 조홍이 정중히 맞으며 장합이 연전연패한 이야기를 전했다.

"그건 장합의 죄가 아니다. 싸우다 보면 이길 때도 있고 질 때도 있으니 장수를 원망할 수는 없다."

양금택목(良禽擇木) 좋은 새는 나무를 가려서 앉는다는 이 말은, 현명한 인재는 자기의 능력을 키워 줄 훌륭한 사람을 골라서 섬긴다는 뜻이다. 유장의 신하였던 이회가 유비의 신하가 되기로 결심을 한 이유다.

반 아이들도 민건이의 태도에 많이 놀랐다. 특히 상기는 민건이에게 '배신자'라는 말을 썼다. 소미도 위기를 느꼈는지 안절부절못하며 잔뜩 긴장했다.

나는 마음을 굳게 먹었다. 어차피 한 번은 치러야 할 싸움이었다. 그렇지만 비겁하게 하고 싶지는 않았다. 만약 지더라도 깨끗하게 받아들이기로 마음을 먹었다.

"자, 우리 반은 회장 후보가 이상기, 한소미, 이유비로 정해졌어. 선생님은 쑥 빠질 거야. 너희들이 알아서 올바른 선택을 하도록 해."

선생님이 말했다.

"선생님! 선거 유세, 회장 다짐, 그런 것 없어요? 저는 많이 준비했는데요."

소미가 불평을 했다. 소미는 진즉부터 유튜브를 보며 선거 연습 중이었다. 상기는 어디 스피치 학원에 다닌다는 소문도 있었다.

"우리 반은 그런 거 없어. 평소 행동을 보고 회장이 되어도 좋을지 말지 판단하자."

선생님이 딱 잘라 말했다.

"역시 선생님은 쿨해. 히히힛!"

민건이 혼자만 신이 나 있었다. 민건이는 나를 회장 후보로 추천해 놓고 소미와 상기도 멀리하지 않았다. 꼭 싸움을 붙여 놓고 재미있게 구경하는 듯했다.

수업이 끝나고 학교 버스를 탔다. 무슨 일인지 강우와 장빈이가 학교 버스에 타지 않았다. 버스가 우리 마을에 들어서자 나도 모르게 문을 닫은 학교 쪽으로 눈길이 갔다. 그사이 학교 건물은 주먹만 하게 작아졌고 느티나무만 더 커 보였다. 얼마 있으면 학교를 허문다는 소문이 들렸다. 공연히 슬퍼져 눈물이 찔끔 나왔다.

　버스에서 내려 터덜터덜 걷고 있을 때였다.

　"빠앙!"

　나는 깜짝 놀라 어깨를 크게 움츠렸다. 빨간색 승용차가 나를 따라오고 있었다. 놀랍게도 승용차에서 내린 사람은 상기 엄마였다.

　"유비야, 이번에 회장 선거 나왔다며?"

　상기 엄마가 물었다. 나는 대답을 하지 못하고 눈만 굴려서 승용차

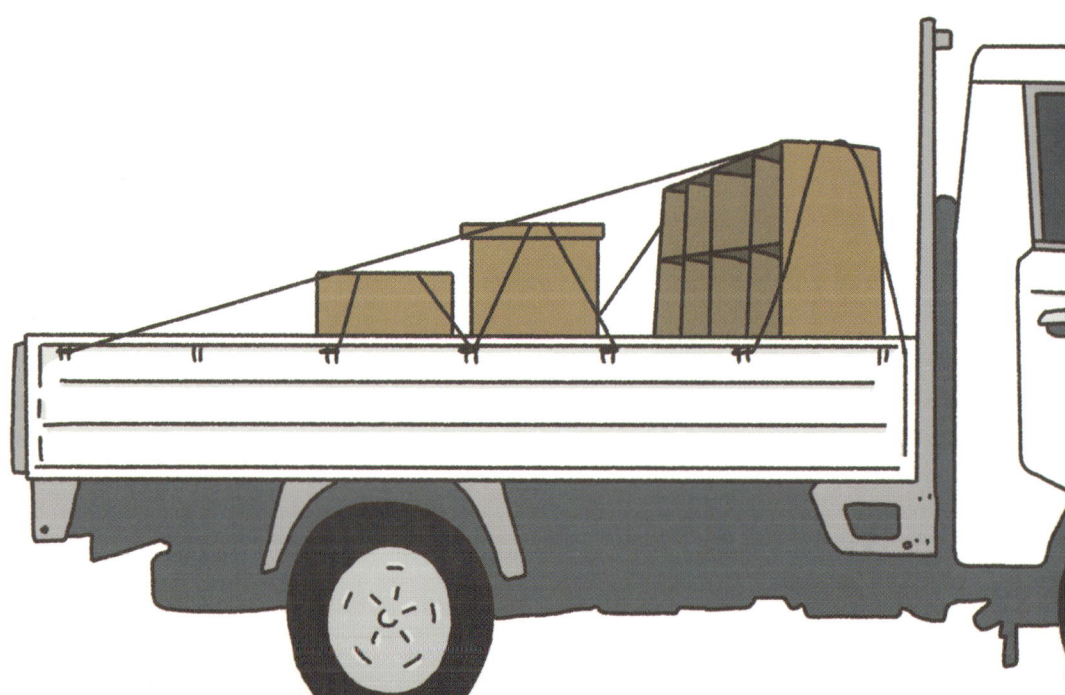

를 살폈다. 승용차의 창문이 컴컴해 안이 잘 보이지는 않았지만, 내 촉이 말했다. 안에 상기가 타고 있다고.

"나랑 잠깐 얘기 좀 할까?"

나는 잘못한 것도 없는데 가슴이 마구 뛰었다. 우리 선생님의 마음병이 내게 옮은 듯했다.

"다른 말 안 할게. 이번 회장 자리 우리 상기에게 양보하면 안 될까? 내가 충분히 보상해 줄게."

나는 두근거리는 가슴을 가라앉히느라 숨을 딱 멈췄다. 그랬더니 가슴이 풍선처럼 마구 부풀어 오르는 듯했다.

그때였다. 아빠의 트럭이 내 앞에 멈춰 섰다. 아빠의 트럭 짐칸에는 카페에 들어갈 가구들이 가득 실려 있었다. 곧 삼국지 북카페가 문을

열 참이었다.

"아, 새 학교 담임 선생님이세요? 선생님이 우리 유비를 태워다 주셨군요. 감사합니다. 진즉 한번 찾아뵈어야 했는데 죄송합니다."

아빠가 트럭에서 내리자마자 상기 엄마에게 꾸벅 인사를 했다.

"아, 아뇨. 선생님이 아니라……. 호, 혹시 이채섭 선배님? 강예림 남편분?"

상기 엄마가 아빠, 엄마의 이름을 불렀다. 아빠도 놀라서 인사를 멈췄다.

"임선자? 임선자가 맞지?"

아빠가 반갑게 알은척을 했다. 비로소 나는 참았던 숨을 팍 터뜨렸다.

"유비야, 엄마의 대학교 때 친구야. 인사드려야지."

아빠가 머뭇거리는 내 손을 끌어 상기 엄마에게 인사를 시켰다.

"아, 안녕하세요."

나는 처음 만난 것마냥 상기 엄마에게 고개를 까닥했다. 그러면서 승용차 쪽을 흘깃 돌아봤다. 상기 엄마는 내 인사만 받고, 차에 타고 있는 상기를 아빠에게는 인사시키지 않았다.

우리 엄마 대 상기 엄마

 늦은 밤, 금요일이 아닌데도 엄마가 퇴근 후에 집으로 왔다. 나는 막 침대에 누운 참이었다.

 "유비 어디 있어? 유비 좀 깨워 봐."

 엄마가 나를 찾았다. 보나 마나 상기 엄마의 전화를 받은 것이다. 상기 엄마가 아빠에게 엄마의 전화번호를 물었으니까.

 "무슨 일이야? 유비 진즉부터 자는데."

 아빠도 어느 정도 예상을 한 모양이었다.

 "당신, 임선자 만났다며? 걔는 어떻게 나이가 들어도 못된 게 여전하냐? 세상에! 자기 아들 회장 시켜야 되겠다고 우리 유비한테 회장 선거에 나가지 말라고 했다며? 그게 어디 애들한테 할 소리야?"

"······."

"당신 몰라? 유비한테 못 들었어?"

아빠는 모른다. 내가 얘기를 안 했으니까. 엄마, 아빠와 상기 엄마가 아는 사이라는 게 놀라웠지만, 상기 엄마가 나한테 한 말까지 시시콜콜 아빠에게 하고 싶지는 않았다. 물론 상기 엄마가 얄미워서라도 기필코 회장 선거에서 이겨야겠다고 결심하긴 했다.

"진정해. 유비가 말을 안 한 것을 보면 다 알아서 하겠다는 거야."

아빠가 엄마를 진정시켰다.

"내 심장이 이렇게 벌렁거리는데 우리 유비는 어땠을까? 당신은 화도 안 나? 유비에게 너무 신경 안 쓰는 거 아냐? 그러니까 이제부터 내가 유비와 같이 살겠다는 거야. 봐, 내가 뭐랬어? 새 학교는 다르다고 했지?"

엄마는 정말 화가 많이 난 듯했다. 저번에는 나한테 새 학교에 가면 회장 같은 거 하지 말라고 하더니 이제는 팔을 걷어붙이고 도울 태세였다. 상기 엄마 때문에 아무래도 승부욕이 불타오르는 것 같았다.

"······."

아빠는 엄마의 말을 잠자코 들어 주었다. 그것이 아빠, 엄마의 사이가 좋은 이유이기도 했다.

"선자, 걔가 글만 쓰는 당신과 내가 결혼하겠다고 했을 때 얼마나 비웃었는지 알아?"

엄마는 옛날 일까지 들춰 내며 마구 화를 냈다.

다음 날, 엄마가 학교에 따라나설까 봐 걱정했는데, 엄마는 새벽같이 일어나 출근한 뒤였다. 나는 모른 척하며 학교 갈 준비를 했고, 아빠도 모른 척해 주었다.

학교에는 긴장감이 흘렀다. 1학년부터 6학년까지 회장을 뽑는 날이었다. 4학년 교실을 지나치는데 칠판에 회장 선거 구호가 빼곡하게 씌어 있었다. 회장 후보들의 사진도 붙어 있었다. 이상하게 우리 3학년만 조용했다.

"이유비, 어떨 것 같아?"

교실에 들어서자 민건이가 제일 먼저 말을 걸었다.

"야, 황민건! 그건 반칙이야."

소미가 그런 민건이를 향해 소리를 빽 질렀다. 상기는 오늘따라 얼굴이 더 파리해 보였다.

아침에 아빠가 읽어 준 삼국지의 대목이 기억났다.

하루는 제갈량이 유비에게 말했다.

"주군의 위엄과 덕이 이르지 않는 곳이 없습니다. 이는 하늘의 도리와 뜻이 없으면 이룰 수 없는 일입니다. 부디 지금의 때를 피하지 마시고 하늘의 뜻에 따라 왕위에 오르셔야 합니다."

제갈량의 말에 유비가 고개를 내저었다.

"안 될 말이오. 허창에 황제가 계시는데 어찌 내가 조조와 같이 분에 넘치는 짓을 할 수 있겠소."

"당장 황제의 자리에 오르시라는 게 아니라 한중의 왕에 오르시라는 겁니다. 하늘이 허락하고 땅이 권하는 때입니다. 그 기운을 타고 왕위에 올라 모든 장병들과 기쁨을 함께 나누는 게 나라를 강하게 하는 방법일 겁니다."

제갈량이 간절히 권했지만 유비는 받아들이지 않았다. 그러자 장비와 조운을 비롯한 모든 장군들이 틈만 나면 유비에게 왕위에 오르라는 이야기를 건넸다. 마침내 유비가 그들의 말을 받아들이고 아들 유선을 세자로 삼았다.

드디어 선거 결과가 나왔다. 내가 12표였고, 소미가 5표, 상기가 8표였다. 소미가 화들짝 놀라며 한 번 더 투표용지를 확인하자고 했다. 선생님이 기다렸다는 듯 스물다섯 장의 표를 교탁에 깔게 했다. 그리고 휴대 전화로 사진까지 찍어 두었다.

"자, 여기에 불만이 있는 사람!"

선생님이 아이들에게 물었다. 선생님이 그렇게 강하게 나오자 소미가 꼼짝 못 했다.

"너희들이 직접 뽑았고, 또 눈으로 확인했고, 또 불만이 없다고 했어. 이제부터는 회장 선거에 대해 한마디도 하지 마. 알았지?"

선생님이 다시 한번 못을 박았다.

"선생님, 회장 당선 소감 안 들어요?"

민건이가 손을 들고 말했다.

"그래요. 그래야 진짜 회장이 되는 거죠."

나를 회장 후보로 추천했던 지연이까지 손을 들고 말했다. 그러자 아이들이 박수를 쳤다. 선생님이 어쩔 수 없이 내게 손짓을 했다. 나와서 당선 소감을 하라는 것이었다.

"저는 저를 뽑아 주지 않은 친구들까지 존중하고 사랑하겠습니다. 그리고 교실에 들어오면 즐겁고 행복해지는 반을 만들어 보겠습니다."

　나는 이렇게 짧게 말했다. 그것은 진심이었다. 아이들은 다 박수를 치고 책상까지 두드려 대는데, 선생님은 엷은 미소만 지을 뿐이었다.
　"흑흑!"
　그때였다. 상기가 울음을 터뜨렸다. 아이들이 놀라서 상기를 돌아봤다. 상기가 얼마나 속상할지 알 것 같았다. 회장이 엄청 되고 싶어 했으니까. 그런데 선생님은 역시나 아무 말이 없었다. 뭐라고 한마디 위로해 주었으면 했는데……. 상기를 제치고 회장이 되었기 때문에 내가 위로의 말을 건네기도 난처했다. 회장이 되어 기쁘긴 했지만 상기가 우는 걸 보니 활짝 웃을 수만은 없었다.
　엄마의 전화를 받은 것은 수업이 끝나고 학교 버스를 타려고 할 때였다. 엄마는 버스를 타지 말고 그냥 그 자리에 있으라고 했다. 주차장을 보니 낯익은 승용차가 보였다. 바로 어제 우리 마을에서 본 상기 엄마의 빨간색 승용차였다.
　조금 기다리자 엄마의 승용차가 주차장으로 들어왔다. 그때 상기 엄마도 학교 건물에서 나와 주차장으로 걸어오고 있었다.

"이유비, 타!"

엄마가 조수석 창문을 내리고 말했다. 내가 차에 타자 엄마가 출발을 했다. 그러면서 백미러를 흘끔거렸다. 뒤를 돌아보니 상기 엄마의 승용차가 따라오고 있었다.

아파트 단지를 벗어나자 카페들이 여기저기 보였다. 엄마가 그중 한 카페의 주차장에 차를 세웠다.

"이유비, 아무 소리 하지 말고 그냥 상기 엄마가 사과를 하면 받아."

엄마는 기어코 상기 엄마에게 사과를 하라고 한 모양이었다. 드디어 상기 엄마가 승용차에서 내렸다. 엄마도 내렸고 나도 따라서 내렸다. 상기만 안 내렸다.

"유비야, 미안하구나. 우리 상기가 워낙 자신감이 없어서 회장을 하면 좋아질 것 같아서 그랬어."

엄마가 눈을 똑바로 뜨고 지켜보고 있어서인지 상기 엄마가 사과를 했다.

"두 분이 친구라면서요. 저도 이제부터 상기와 친하게 지낼게요."

나는 상기 엄마에게 예의 바르게 말했다. 원래 승자는 너그러운 법이니까. 게다가 상기랑 계속 나쁘게 지낼 이유도 없었다.

5장

마침내 하나가 되다

검은 용의 눈물

정우영 선생님이 나를 불렀다. 회장으로 뽑히고 나서 찾아가 인사를 하려고 했는데 선생님이 한발 빨랐다.

"유비가 잘하고 있다던데."

선생님이 칭찬을 했다. 선생님의 얼굴도 많이 밝아져 있었다.

"반 아이들과도 다 친해졌어?"

"네. 대충요."

썩 그렇지 못하다는 뜻이다. 선생님은 빙그레 웃었다.

"담임 선생님하고는 어때? 학급 회장이니까 선생님과도 잘 지내야 할 텐데."

"음……."

나는 어떻게 대답할까 잠시 고민했다.

"선생님이 계속 우리 반 담임이었으면 좋았을 텐데 아쉬워요."

"담임 선생님과도 곧 친해지게 될 거야. 선생님도 갑자기 학기 중에 반을 맡아서 힘든 점이 많겠지. 그래도 좋은 점이 많으신 분이니까 잘 지내 봐."

선생님의 말을 듣자 무언가 느낌이 왔다. 생각해 보니 새 학교로 옮긴 첫날에도 주차장에서 상기 엄마의 빨간색 승용차를 본 것 같았다.

"지선옥 선생님도 마음병이 있어요?"

단도직입적으로 물었다. 선생님이 얼른 대답하지 못했다. 대신 빙그레 웃기만 했다.

"상기가 많이 힘들어할 거야. 유비가 많이 챙겨 줘."

역시 정우영 선생님이다. 아주 잠깐 상기의 담임 선생님이었을 뿐인데도 상기를 걱정했다. 상기 엄마에게 그렇게 상처를 받고도 말이다.

나는 일부러 학교 버스를 타지 않았다. 선생님이 부탁한 대로 상기를

만나기 위해서였다.

"야, 이유비! 너 왜 시골 버스 안 타?"

소미가 큰 소리로 외쳤다. 소미는 학교 버스를 꼭 시골 버스라고 했다. 아파트 단지가 들어오기 전에는 소미의 마을이 우리 마을보다 훨씬 더 시골이었다.

"상기 좀 만나려고."

나는 당당하게 말했다.

"칫! 잘해 보셔."

소미가 콧방귀를 날리며 아이들을 몰고 갔다. 회장 선거에서 소미를 뽑은 네 명이 분명했다. 햄버거 가게로 가는 모양이었다.

우리 반 아이들이 다 나온 것 같은데 상기가 나타나지 않았다. 나는 걱정이 되어 다시 교실로 들어갔다.

상기가 텅 빈 교실에 혼자 남아 있었다. 그것도 책상에 머리를 박고 잔뜩 웅크린 채로.

"야, 이상기! 여기서 뭐 하는데?"

나는 소리를 빽 질렀다. 상기는 움찔했지만 머리를 들지는 않았다.

"너 울어?"

나는 상기의 어깨를 두 손으로 잡고 일으켜 세웠다. 상기의 머리가

힘없이 딸려 왔다. 책상이 물을 엎지른 듯 흥건하게 젖어 있었다. 상기가 흘린 눈물이었다.

"야, 이상기! 회장 떨어진 것이 그렇게 억울해? 그럼 내가 안 할 테니 너 가져."

나는 회장이 무슨 물건인 것처럼 손으로 뚝 떼어 상기의 책상 위에 놓는 시늉을 했다.

"그것 때문이 아냐."

상기가 책상 위에 있는 내 손을 치웠다.

"속상해. 힘들어. 아파. 흐흐흑!"

상기가 주먹으로 자신의 가슴을 팍팍 때리며 말했다. 그러고는 펑펑 울기 시작했다. 나는 상기가 마음껏 울기를 기다렸다. 속상하고 힘들고 아프면 차라리 펑펑 우는 게 최고였다. 그러면 시원했다. 나도 그런 적이 여러 번 있으니까.

독화살을 맞은 관우는 그날 밤 다시 열이 나 밤새 괴로워했다. 어쩔 수 없이 출정이 연기되었다. 관우의 아들 관평은 사방으로 사람을 보내 의원을 찾았다. 그때 떠돌이 의원 화타가 작은 배를 타고 찾아왔다.

"천하의 영웅호걸이 독화살을 맞았다는 이야기를 듣고 멀리서 달려왔습니다."

"아! 그럼 어서 아버지의 상처를 봐 주십시오."

관평의 말에 화타는 관우의 옷소매를 걷어 올리고 상처를 살폈다. 상처 부위는 새빨갛게 부풀어 있어 칼로 째서 독을 긁어 냈다. 마취도 하지 않은 채 생살을 쨌지만 관우는 신음 소리 하나 내지 않았.

다음 날에도 화타가 관우의 상태를 보러 왔다.

"장군, 어젯밤은 어떠셨습니까?"

"푹 자고 났더니 통증이 사라졌소. 선생은 진정 천하의 명의구려."

"저도 여태까지 많은 환자를 만나 왔지만 장군 같은 환자는 만난 적이 없습니다. 장군은 진정 천하의 명환자이십니다."

"명의와 명환자라. 그러니 어찌 병이 우리를 이길 수 있겠소."

관우가 껄껄 웃으며 말했다.

"회장, 내가 미안해. 우리 엄마 대신 사과할게. 정말 미안해."
상기가 사과했다.

"뭘?"

나는 시치미를 뚝 뗐다.

"승용차 밖에서는 안이 안 보여도 안에서는 다 보이거든. 그리고 내가 창문을 조금 내려서 무슨 말 하는지 다 들었어."

알고는 있었지만 상기는 두 번 다 승용차 안에서 나를 지켜보고 있었다.

"야, 괜찮아. 너희 엄마도 사과했잖아."

나는 다시 두 손으로 상기의 어깨를 잡고 가슴을 쭉 펴 주었다. 속상하고 힘들고 아픈 것들이 떨어져 나가도록 말이다.

"상기야, 나도 미안해. 우리 엄마도 그러면 안 되는 거였거든. 우리 일인데 왜 엄마들이 나서는지 몰라. 우린 흑룡이라서 알아서 다 잘할 수 있는데. 히힛!"

나는 흑룡이라고 말하면서 웃음이 툭 터졌다.

"나는 흑룡도 싫고 황룡도 싫어. 나는 나야."

"맞아!"

나는 얼른 상기의 손을 꼭 잡아 주었다.

"회장, 나 배고픈데 햄버거 좀 사 줘. 사실 소미네 햄버거가 무척 먹고 싶었거든."

상기가 말했다. 하긴 소미네 햄버거는 맛있다고 소문이 났다. 나도 먹고 싶었다.

"좋아! 우리 가자. 가서 배 터지게 먹자."

나는 상기의 가방을 챙겨 들고 앞장섰다.

다행히 소미네 햄버거 가게에는 아이들이 없었다. 있어도 상관없었다. 그냥 당당하게 소미가 약속한 대로 절반 가격만 주고 햄버거를 주문하려고 했다. 계산대에 앉아 있는 사람은 척 봐도 소미의 엄마였다.

"너, 유비 맞지? 어머나, 반가워라. 이번에 회장 됐다며? 축하하는 의미에서 아줌마가 공짜로 줄게."

슈퍼 햄버거로 통일

"아빠, 나 좀 학교에 태워다 줘."

나는 아침부터 서둘렀다. 일찍 학교에 가서 담임 선생님을 만나야 했기 때문이다.

"유비야, 북카페를 여는 날 너희 반 전부를 초대하고 싶은데 어떻게 생각해?"

운전하면서 아빠가 물었다. 솔직히 근사한 카페도 아니고 시골집을 고친 거라 망설여졌다.

"뭐, 그래도 좋고."

나는 성의 없이 대답했다. 머릿속에는 온통 담임 선생님에 대한 생각으로 가득했기 때문이다.

학교 주차장에는 선생님의 승용차가 주차되어 있었다. 나는 숨을 크게 들이마시고 교무실로 들어갔다. 선생님은 찻잔을 들고 창가에서 교문 쪽을 바라보고 있었다.

"선생님!"

나는 선생님을 불렀다. 선생님은 놀라지도 않고 천천히 몸을 돌렸다. 아마 내가 학교로 들어오는 것을 본 듯했다.

"드릴 말씀이 있어서요."

나는 최대한 공손하게 인사하고 선생님에게 다가갔다.

"모든 일에는 시작과 끝이 있습니다. 오늘의 이 사태는 제갈 승상께서 돌아가신 뒤로 한나라*의 운명이 다한 것이니 이제 방법이 없습니다. 오나라로 도망가는 것도 소용없습니다. 남은 건 오직 선황(유비)의 공덕을 더럽히지 않고 세상의 웃음거리가 되지 않도록 바라는 일뿐입니다."

"그럼 성문을 열고 위나라에 항복해야 한다는 말인가?"

유비의 뒤를 이어 황제가 된 유선이 힘없이 물었다. 그러자 초주가 조심스럽게 답했다.

"감히 입에 담기 어려운 말이지만 하늘의 명을 따르신다면 그 길밖에 없습니다."

* 유비가 촉에 세운 나라의 이름

천하통일(天下統一) 세상이 하나로 통일이 된다는 뜻이다. 두 동생의 복수를 위해 오나라와 전쟁을 일으킨 유비가 전쟁에서 패해 죽음을 맞고, 세 나라로 나뉘어 싸움을 벌였던 중국이 진나라 사마염에 의해 하나로 통일되었다.

"선생님, 죄송해요. 제가 선생님 마음도 모르고 지난번에 버릇없이 말했어요."

하마터면 마음병이라고 할 뻔했다.

"……."

선생님은 사과를 받지 않고 나를 물끄러미 쳐다봤다.

"휘휴!"

선생님이 땅이 꺼져라 한숨을 쉬었다. 그러더니 또 한참이나 가만히 있었다.

"그래, 유비야, 회장이니까 선생님 좀 많이 도와줘. 나도 좋은 선생님이 되도록 노력해 볼게."

선생님의 목소리가 다른 때보다 부드러웠다. 선생님이 두 손으로 내 손을 꼭 잡아 주었다. 공연히 눈물이 핑 돌며 눈앞이 흐려졌다. 그런데도 머릿속에서 꽃송이가 팡팡 터지는 느낌이었다.

"선생님, 엄마가 반 친구들에게 회장 턱 내고 싶대요. 이따 끝나는 시간 즈음에 소미네 햄버거 주문해도 돼요? 선거가 끝났으니까 먹어도 되지 않아요?"

나는 선생님에게 허락을 받기 위해 말했다. 어제 엄마가 선생님이 허락하시면 바로 소미네 햄버거 가게에 슈퍼 햄버거 스물여섯 개를 주

문 넣을 거라고 했다.

"그래? 그러면 햄버거 값은 선생님이 낼게."

"아니에요. 저희 엄마가 어제 계좌 이체까지 다 했대요. 선생님은 허락만 해 주시면 돼요. 거기다 소미 엄마가 햄버거를 절반 가격에 주셨거든요. 히힛!"

나는 웃음이 저절로 나왔다. 그때 정우영 선생님도 출근을 했다. 햄버거를 하나 더 주문할 걸 그랬나 하고 잠깐 생각했다.

"선생님은 햄버거 다음에 사 드릴게요."

나는 인사 대신 이렇게 애교 있게 말하고 교무실에서 나왔다. 얼핏 정우영 선생님과 지선옥 선생님의 웃음소리를 들은 것 같았다.

소미네 슈퍼 햄버거는 정확하게 수업 끝나는 종이 울리자마자 들이닥쳤다. 그것도 아주 잘생긴 아르바이트 대학생 오빠가 들고 왔다.

"와!"

아이들이 교실이 떠나가도록 소리를 질렀다. 우리 반이 이렇게 한목소리로 소리친 것은 처음이었다. 대학생 오빠는 얼굴이 홍당무처럼 붉어졌다.

"뭐야, 뭐야!"

소미 혼자만 당황해 어쩔 줄 몰라 했다.

"우리 반 회장 유비가 한턱내는 거야. 아니, 소미 엄마가 특별히 반값으로 할인까지 해 주셨다지 뭐니."

선생님이 설명하자 아이들이 다시 소리를 지르며 박수를 쳤다. 그제야 소미가 당황한 빛을 감추고 어깨를 으쓱 올렸다. 대학생 오빠는 아이들 책상마다 슈퍼 햄버거와 콜라를 턱턱 놓아 주었다. 마지막으로 햄버거 하나가 남았다. 대학생 오빠가 당황하며 빠진 아이가 없나 두리번거렸다.

"그, 그건 여, 여기, 제 거예요."

선생님은 누가 빼앗아 가기라도 하듯 손을 번쩍 들고 소리쳤다.

"와하하하하!"

아이들이 그런 선생님의 모습을 보고 웃음을 터뜨렸다. 차도녀 선생님답지 않은 인간미가 보여서였다.

"황민건, 한소미, 이상기, 정이찬, 오성빈! 너희들 학원 안 가? 학원 시간 늦었잖아."

선생님이 민망한지 아이들의 이름을 차례대로 불렀다. 학교가 끝나자마자 학원으로 내달리는 아이들이었다. 선생님은 그것까지 알고 있었다. 은근 세심했다.

"오늘은 안 가도 돼요."

"저도 안 가요."

"어떻게 가요."

"싫어요."

이름을 불린 아이들이 책상까지 붙잡고 소리쳤다. 누가 끌어내기라도 하듯 말이다.

"자, 좋아. 그러면 오늘 우리 반은 슈퍼 햄버거로 통일이다. 회장이 한번 구령을 붙여 볼래?"

선생님도 조금 들뜬 목소리로 말했다. 나는 너무 갑작스런 일이라 멍하니 있었다.

"야, 회장! 네가 먼저 '슈퍼 햄버거로' 하고 소리치면 우리 모두 '통일!'이라고 소리치라는 뜻이잖아. 회장이 그것도 모르냐?"

소미가 자세히 알려 주며 구박했다.

"슈퍼 햄버거로!"

나는 일어나서 소미가 가르쳐 준 대로 힘껏 소리쳤다. 아마 최근 들어 가장 큰 소리였을 것이다.

"통일!"

삼국지 북카페

기어이 아빠가 일을 내고야 말았다. 까맣게 잊고 있었는데 우리 반 모두를 삼국지 북카페로 초대를 했다. 엄마도 하루 휴가를 냈다.

"자, 오늘은 유비네 삼국지 북카페에 초대 받은 날이야. 빠질 사람!"

선생님의 말에 손을 드는 아이가 한 명도 없었다.

"그러면 다 함께 걸어서 가는 거다. 한 30분만 걸으면 충분하니까. 알았지?"

선생님이 운동화로 갈아신고 떠날 준비를 했다.

"더워요."

"힘들어요."

몇몇 아이들이 투정을 부렸다.

"그래? 나는 너무 기대되어서 힘든 줄도 모르겠는데!"

선생님이 앞장서며 말했다.

나도 우리 마을까지 걸어가기는 처음이었다.

"얘들아, 이것 봐라. 이것이 애기똥풀 꽃이고, 이것이 방아깨비야. 아, 저기 날아가는 새 있지? 저것은 왜가리야."

아이들보다 선생님이 더 신나 보였다. 투정을 부리던 아이들이 더 바짝 따라붙으며 선생님의 설명을 들었다.

아이들은 소풍을 가듯 하는데 나는 불안해 죽을 지경이었다. 솔직히 카페에서 아빠가 굽는 파이와 빵 맛은 별로였다. 열심히 연습을 하는 것 같은데 믿을 수가 없었다.

'차라리 마당에서 바비큐 파티나 하면 좋을 텐데…….'

나의 솔직한 마음이었다.

북카페에 가까워지자 어디선가 고기 굽는 냄새가 솔솔 풍겼다. 아이들도 냄새를 맡았는지 코를 벌름거렸다.

역시 아빠는 나와 통하는 게 있나? 카페 마당에는 바비큐 화로가 설치되어 있고, 고기 익는 연기가 모락모락 피어오르고 있었다. 엄마와 상기 엄마 그리고 장빈이 엄마와 강우 엄마까지 출동했다. 엄마들이 마당에서 열심히 상을 차리고 있었다.

우리들이 들어서자 아빠가 활짝 웃으며 나왔다. 아빠의 손에는 언제 준비했는지 목걸이 명찰이 한 움큼 쥐어져 있었다.

"어서 와! 반가워!"

"안녕하세요!"

나는 반갑지도, 안녕하지도 못했다. 아빠가 또 엉뚱한 일을 벌인 것 같아 잔뜩 긴장이 되었다.

"선생님, 여기 오면 모두 삼국지의 주인공이 되는 겁니다. 그래서 제가 명찰을 준비했어요."

아빠가 제일 먼저 선생님의 목에 목걸이 명찰을 걸어 주었다. 명찰에는 '사마의'라고 적혀 있었다.

"어머! 제가 그 유명한 사마의예요? 아이, 좋아라. 호호호!"

선생님이 소리 내어 웃었다. 그렇게 활짝 웃는 얼굴은 처음이었다. 이어 아빠는 아이들의 얼굴을 살피며 명찰을 골라 하나하나 목에 걸어 주었다.

민건이는 유비, 상기는 동탁, 소미는 조조, 장빈이는 장비, 지연이는 화타, 승우는 관우, 우람이는 손책, 관철이는 원술, 소영이는 사마염……. 아이들은 낯선 이름표를 걸고 어리둥절해했다. 내 이름표에는 하필 황건적의 우두머리인 '장각'이라고 적혀 있었다. 아무래도 민건이와 이름표가 바뀐 것 같았다.

"자, 우리 삼국지 영웅들, 이리로 오실까요?"

아빠가 카페 문을 활짝 열었다. 아이들이 우르르 카페 안으로 쏟아져 들어갔다. 겉보기와는 다르게 카페는 아주 깨끗했다. 어제저녁 걱정이 되어 살펴보려 했을 때는 아빠가 보여 주지 않았다.

카페의 벽에는 온통 삼국지로 채워져 있었다. 베개처럼 두꺼운 삼국지부터 알록달록한 표지의 삼국지 그리고 만화 삼국지 등 온통 삼국지 천지였다. 세상의 삼국지 책이란 책은 다 모아 놓은 듯했다.

"와아!"

아이들도 삼국지 책으로 채워진 카페가 처음인지 놀라워했다. 나도 놀랐다. 아빠가 삼국지를 좋아한다고 하지만 이 정도로 삼국지 책을 가지고 있을 줄은 몰랐다.

"여러분이 바로 삼국지의 영웅들, 주인공들이에요. 각자 이름표를 확인해 보세요. 유비, 동탁, 조조, 장비, 손책, 화타가 뭐 하는 사람인지 궁금하죠? 삼국지를 읽어 보면 알아요. 삼국지에는 천 명 정도의 사람들이 등장하는데, 그중에서 가장 멋진 주인공들만 뽑은 거예요."

아빠가 신이 나서 쉬지 않고 설명했다.

"그러면 아저씨, 아니 사장님, 아니 유비 아빠는 삼국지 영웅 중 누구예요?"

민건이가 아빠의 말을 끊고 물었다.

"그래서 저도 준비를 했지요. 여기, 짜잔!"

아빠가 뒷주머니에서 목걸이 명찰을 꺼내 자랑스럽게 보여 주었다.

"제갈량? 혹시 제일 멋지고 좋은 사람 이름을 가진 거 아니에요?"

민건이가 불만을 터뜨렸다. 나도 살짝 약이 올랐다.

선생님이 옆에서 소리를 죽여 웃었다. 민건이의 날카로운 질문이 재미있는 듯했다. 이때를 놓치면 아빠의 삼국지 이야기가 또 한없이 길게 이어질 것 같았다.

"아빠, 제 것과 아빠 것이 바뀌었어요."

나는 얼른 목걸이 명찰을 벗었다. 그리고 아빠의 목에 걸어 주었다. 아빠가 순식간에 노란 두건을 쓰고 도적질을 하는 황건적의 두목 장각이 되었다.

"하하하!"

선생님이 또 웃음을 터뜨렸다. 그러자 아이들은 영문도 모른 채 그냥 따라서 웃었다.

"헤헤헤!"

북카페가 온통 아이들 웃음소리로 가득 채워졌다.

그때였다.

"얘들아, 나와서 고기 먹자!"

마당에서 엄마가 큰 소리로 우리를 불렀다. 아이들이 기다렸다는 듯 우르르 몰려 나갔다. 카페 안에는 아빠와 나 그리고 지선옥 선생님만 남았다. 활짝 열린 문을 통해 고기 냄새가 카페 안으로 쏟아져 들어왔다. 나는 슬그머니 선생님의 손을 잡고 카페를 나왔다.

"자자, 여러분! 중대 발표를 하겠습니다. 앞으로 여러분은 이 삼국지 북카페의 VIP 고객입니다. 카페에 오셔서 삼국지를 열 쪽 이상 읽으면 음료수 공짜입니다!"

가장 늦게 마당으로 나온 아빠가 큰 소리로 외쳤다.

"와아아!"

아이들이 한목소리로 카페가 떠나가도록 함성을 질렀다.

나의 첫 인문고전 07

열 살, 삼국지를 만나다

초판 1쇄 발행 2023년 6월 14일
초판 3쇄 발행 2025년 10월 27일

지은이 | 홍종의
그린이 | 이진아
펴낸이 | 한순 이희섭
펴낸곳 | (주)도서출판 나무생각
편집 | 양미애 백모란
디자인 | 박민선
마케팅 | 이재석
출판등록 | 1999년 8월 19일 제1999-000112호
주소 | 서울특별시 마포구 월드컵로 70-4(서교동) 1F
전화 | 02)334-3339, 3308, 3361
팩스 | 02)334-3318
이메일 | book@namubook.co.kr
홈페이지 | www.namubook.co.kr
블로그 | blog.naver.com/tree3339

ISBN 979-11-6218-252-9 73810

＊값은 뒤표지에 있습니다.
＊잘못된 책은 바꿔 드립니다.
＊이 작품은 한국문화예술위원회 창작레지던시 프로그램으로 담양 〈글을 낳는 집〉에서 집필했습니다.

＊종이에 베이거나 긁히지 않도록 조심하세요.
＊책 모서리가 날카로우니 던지거나 떨어뜨리지 마세요. (사용연령: 8세 이상)
＊KC마크는 이 제품이 공통안전기준에 적합하였음을 의미합니다.